DIFERENÇAS ESPECÍFICAS DE APRENDIZAGEM

Dados Internacionais de Catalogação na Publicação (CIP)
(Câmara Brasileira do Livro, SP, Brasil)

Hudson, Diana
  Diferenças específicas de aprendizagem : ideias práticas para trabalhar com : Dislexia, Discalculia, Disgrafia, Dispraxia, TDAH, TEA, TOC, Síndrome de Asperger, Evitação patológica de demanda (EPD), Transtorno de processamento sensorial (TPS), Tiques e Síndrome de Tourette / Diana Hudson ; ilustrado por Jon English ; tradução de Guilherme Summa. – 2. ed. – Petrópolis, RJ : Vozes, 2025.

  Título original: Specific learning differences.
  ISBN 978-85-326-7050-2

  1. Aprendizagem – Habilidade 2. Aprendizagem – Metodologia 3. Crianças com distúrbios de aprendizagem – Educação – Manuais, guias etc. 4. Dificuldade de aprendizagem – Manuais, guias etc. 5. Prática de ensino I. English, Jon. II. Título.

24-238884   CDD-371.9

Índices para catálogo sistemático:
1. Educação inclusiva   371.9

Eliete Marques da Silva – Bibliotecária – CRB-8/9380

DIANA HUDSON
ILUSTRADO POR **JON ENGLISH**

DIFERENÇAS ESPECÍFICAS DE APRENDIZAGEM
IDEIAS PRÁTICAS PARA TRABALHAR COM:
DISLEXIA
DISCALCULIA
DISGRAFIA
DISPRAXIA
TDAH
TEA
TOC
SÍNDROME DE ASPERGER
EVITAÇÃO PATOLÓGICA DE DEMANDA (EPD)
TRANSTORNO DE PROCESSAMENTO SENSORIAL (TPS)
TIQUES E SÍNDROME DE TOURETTE

Tradução de Guilherme Summa

EDITORA VOZES

Petrópolis

© Diana Hudson, 2024
© Ilustrações de Jon English, 2016.
Publicado pela primeira vez no Reino Unido em 2016 por Jessica Kingsley Publishers Ltd
73 Collier Street, London, N1 9BE, UK
www.jkp.com

Tradução do original em inglês intitulado: *Specific Learning Differences –
What Teachers Need to Know*

Direitos de publicação em língua portuguesa – Brasil:
2019, 2025, Editora Vozes Ltda.
Rua Frei Luís, 100
25689-900 Petrópolis, RJ
www.vozes.com.br
Brasil

Todos os direitos reservados. Nenhuma parte desta obra poderá ser reproduzida ou transmitida por qualquer forma e/ou quaisquer meios (eletrônico ou mecânico, incluindo fotocópia e gravação) ou arquivada em qualquer sistema ou banco de dados sem permissão escrita da editora.

CONSELHO EDITORIAL

Diretor
Volney J. Berkenbrock

Editores
Aline dos Santos Carneiro
Edrian Josué Pasini
Marilac Loraine Oleniki
Welder Lancieri Marchini

Conselheiros
Elói Dionísio Piva
Francisco Morás
Teobaldo Heidemann
Thiago Alexandre Hayakawa

Secretário executivo
Leonardo A.R.T. dos Santos

PRODUÇÃO EDITORIAL
Aline L.R. de Barros
Anna Catharina Miranda
Eric Parrot
Jailson Scota
Marcelo Telles
Mirela de Oliveira
Natália França
Priscilla A.F. Alves
Rafael de Oliveira
Samuel Rezende
Verônica M. Guedes

Editoração: Piero Kanaan
Diagramação: Sheilandre Desenv. Gráfico
Revisão gráfica: Bianca V. Guedes
Capa: Renan Rivero
Arte-finalização da capa: Editora Vozes

ISBN 978-85-326-7050-2 (Brasil)
ISBN 978-1-83997-708-4 (Reino Unido)

Este livro foi composto e impresso pela Editora Vozes Ltda.

Sumário

Agradecimentos, 7

Introdução à segunda edição, 9

1 Cérebros que funcionam de forma um pouco diferente
   Introdução às diferenças específicas de aprendizagem, 13

2 Dislexia, 28

3 Discalculia, 48

4 Disgrafia, 67

5 Dispraxia/Transtorno do desenvolvimento da coordenação (TDC), 78

6 Transtorno do déficit de atenção com hiperatividade (TDAH), 98

7 Transtorno do espectro autista (TEA), 120

8 Evitação patológica de demanda (EPD), 144

9 Transtorno de processamento sensorial (TPS), 156

10 Transtorno obsessivo-compulsivo (TOC), 166

11 Tiques e Síndrome de Tourette, 185

12 Habilidades organizacionais, 196

13 Provas e revisão da matéria, 213

14 Considerações finais, 224

Glossário, 226

Apêndice 1
   Tabela de resumo das áreas de dificuldade mais comuns, 233

Apêndice 2
   Comparação entre EPD e TOD, 234

Apêndice 3
Listas rápidas de verificação para professores, para *download*, com indicadores das diferenças de aprendizagem mais comuns, 235

Referências, sites e organizações de apoio, 245

Biografia da autora, 259

Biografia do artista, 259

Índice remissivo, 261

Agradecimentos

Gostaria de repetir meus agradecimentos a todos que me ajudaram a montar a primeira edição deste livro. Tal ajuda foi inestimável e formou as bases para esta segunda edição.

Para esta edição, meus agradecimentos contínuos vão para:

- Jon English, o artista, pelos seus maravilhosos *designs* para ambas as edições; eles trazem humor e vida ao livro;
- Meg Scullion, por lançar seu olhar cuidadoso sobre as novas seções e melhorar o fluxo e a linguagem.

As seguintes pessoas e organizações foram especialmente úteis em me aconselhar sobre novos materiais e recursos para os alunos neurodivergentes de hoje. Muito obrigada pelo seu apoio.

- Sue Flohr, diretora do Adult Dyslexia Centre, membro da Associação Europeia de Dislexia;
- Amita Jassi, psicóloga clínica consultora, especialista em TOC, TDC e distúrbios relacionados na clínica South London and Maudsley NHS Foundation Trust;
- Amanda Keen, tutora e assessora de discalculia;
- Marian Mulcahy, professora sênior do UCL Institute of Education, Londres;
- Emma McNally, executiva-chefe, e Lucy Toghill, gerente educacional da Tourettes Action;
- Ione Georgakis, terapeuta ocupacional do CAMHS e principal defensora do Tourettes Action;
- Jessica Hudson, médica pediatra especializada em desenvolvimento infantil e neurodeficiência;
- PJ Balderstone, Scanningpens.com;

- Malcolm Little, consultor de dislexia;
- Ryan Graham, diretor de tecnologia da Texthelp.

Meus agradecimentos também vão para as seguintes organizações:

- Ambitious about Autism;
- Associação Britânica de Dislexia;
- Dyspraxia Foundation;
- Dyscalculia Network;
- National Autistic Society;
- PDA Society;
- Tourettes Action.

Obrigada a Amy Lankester-Owen e à equipe da Jessica Kingsley Publishers pelo apoio durante a produção deste livro.

Meu amor e agradecimentos especiais vão para meu marido Mike, por me apoiar durante todo este projeto e me lembrar silenciosamente de me concentrar e seguir em frente, e para nossos filhos Jenny, Tim, Jessica e Kay, por me darem força e me encorajarem a manter meu senso de humor; amo todos vocês.

Introdução à segunda edição

Muita coisa mudou no reconhecimento e na valorização de pessoas com diferentes estilos de pensamento, desde a publicação da primeira edição em 2019 de *Dificuldades específicas de aprendizagem: ideias práticas para trabalhar com dislexia, discalculia, disgrafia, dispraxia, TDAH, TEA, Síndrome de Asperger e TOC.*

Hoje em dia, é geralmente aceito que há uma variedade de estilos de pensamento em qualquer população ou sala de aula. Isso é chamado de neurodiversidade. Todas as pessoas têm pontos fortes e fracos reconhecidos. Fora dos extremos do "âmbito normal" do pensamento, há indivíduos que são denominados neurodivergentes. Tais indivíduos muitas vezes têm grandes talentos e competências e podem vir a ser muito bem-sucedidos, mas suas diferenças no modo de pensar e no estilo de aprendizagem podem tornar o estudo na escola muito desafiador. Pais e professores que são sensíveis aos pontos fortes e às necessidades desses alunos podem fazer uma enorme diferença na sua felicidade, autoestima e eventual sucesso.

Ser neurodivergente é hoje mais positivamente aceito na sociedade e há uma maior tendência para valorizar os talentos e competências das pessoas que pensam de forma diferente. Os empregadores estão percebendo que ter uma variedade de estilos de pensamento trata-se de uma vantagem e agora recrutarão ativamente funcionários neurodivergentes. É por essa razão que o termo "dificuldades específicas de aprendizagem", utilizado no título original do livro, foi substituído por "diferenças específicas de aprendizagem" nesta segunda edição. Para simplificar, continuarei, entretanto, a usar DEA como a versão abreviada.

Apesar da maior aceitação, seria irrealista fingir que alunos que pensam de forma diferente não enfrentarão desafios emocionais ou de aprendizagem na escola. No entanto, professores solidários, informados e otimistas podem fazer uma enorme diferença na sua autoestima, no sucesso acadêmico e em perspectivas futuras. Espero que este livro contribua para isso.

A essência desta segunda edição permanece a mesma da primeira: oferecer suporte aos atarefados professores em sala de aula no ensino médio, proporcionar uma melhor compreensão dos alunos neurodivergentes e sugerir estratégias de sala de aula para apoiar alunos que pensam e aprendem de maneiras diferentes.

Faço uma série de perguntas ao observar cada diferença identificável.

- O que há de diferente na forma como esses alunos pensam?
- Quais são os seus pontos fortes?
- O que eles podem achar desafiador?
- O que podemos fazer como professores para prestar apoio?

O termo diferenças específicas de aprendizagem (DEA) normalmente inclui apenas dislexia, discalculia, disgrafia e, às vezes, dispraxia, mas ampliei o escopo do termo para este livro. Incluí algumas outras deficiências ou diferenças que afetam a função cerebral, o estilo de aprendizagem e o comportamento na sala de aula. Acrescentei, portanto, o transtorno do déficit de atenção com hiperatividade (TDAH), o transtorno do espectro autista (TEA) e o transtorno obsessivo-compulsivo (TOC). Eles podem ocorrer concomitantemente com as DEA convencionais e alguns dos desafios que esses alunos podem enfrentar são partilhados com outros com diferenças específicas de aprendizagem; por isso, senti que todos eles mereciam seu espaço.

Esta edição também inclui três novos capítulos sobre:

- Evitação de demanda patológica (EPD), que é uma característica que hoje é reconhecida em diversas crianças autistas;
- Transtorno de processamento sensorial (TPS), que pode ocorrer simultaneamente em pessoas com uma série de DEA descritas no livro;

- Tiques e Síndrome de Tourette, pois muitas vezes ocorrem concomitantemente com outras DEA e afetam o aprendizado e a concentração.

O formato é o seguinte:

- O capítulo 1 analisa o processamento e a aprendizagem do cérebro e introduz muitos dos termos que serão usados posteriormente neste livro;
- Os capítulos 2 a 11 cobrem, cada um deles, uma diferença específica distinta, conforme descrito na página do índice;
- Os capítulos 12 e 13 examinam habilidades organizacionais, revisão da matéria e provas;
- O capítulo 14 traz as considerações finais.

No fim do livro, os apêndices incluem algumas folhas de verificação para *download* que podem ser usadas para ajudar a identificar se um aluno tem uma ou outra das DEA mais comuns. Eles não foram concebidos para fornecer um diagnóstico, mas são apenas um conjunto de indicadores que podem sugerir que vale a pena fazer mais testes.

Você também encontrará um glossário que define e explica os termos usados no livro. Há referências, listas de sites úteis e leituras adicionais relacionadas a cada capítulo.

Estima-se que em uma turma típica de 30 alunos haverá um ou possivelmente dois alunos com diferenças de aprendizagem. Elas se manifestam igualmente em todos os tipos de escola e não são afetadas pela origem econômica ou etnia. Esses alunos podem parecer inteligentes e articulados, mas ter um desempenho inferior nas provas, ou podem achar difícil estar presentes na sala de aula e apresentar desafios comportamentais durante as aulas.

Este livro não foi elaborado para ser lido de capa a capa, mas sim como uma obra para ser consultada quando necessário. Espero que você goste de usá-lo e que ele lhe dê uma noção de perspectiva e mostre as vantagens potenciais para alunos com diferenças de aprendizagem. Ele também fornecerá estratégias práticas em sala de aula para ajudar você a oferecer suporte aos seus alunos para superar barreiras e alcançar o melhor de cada um.

Alunos neurodivergentes podem estar entre os jovens mais interessantes, desafiadores e estimulantes que há para se ensinar, e muitos terão talentos e potencial para se tornarem altamente bem-sucedidos na carreira escolhida. Como professores, devemos tentar desbloquear seu potencial e servir como plataforma de lançamento!

Desejo-lhe tudo de bom.

1
Cérebros que funcionam de forma um pouco diferente
Introdução às diferenças específicas de aprendizagem

* Quais são as diferenças específicas de aprendizagem?
* Como aprendemos melhor?
* Diferentes estilos de aprendizagem
* Aprendizagem ativa ou passiva?
* Velocidade de processamento
* Memórias de curto e longo prazo
* Capacidade de atenção
* Habilidades de função executiva
* Audição e visão
* A importância do diagnóstico
* *Scaffolding*
* *Software* especializado
* Diferenças específicas de aprendizagem: um desafio ou um estímulo?
* Lembre-se: você não está só
* Pontos-chave

Dentro de qualquer turma de alunos, haverá uma variedade de habilidades acadêmicas, personalidades, aspectos positivos e aspectos negativos. Normalmente, os alunos terão um desempenho bastante uniforme em todas as matérias, mas pode haver alguns que sejam muito bons em algumas coisas, porém tenham resultados surpreendentemente medíocres em outras. É essa disparidade, por vezes conhecida como "perfil pontiagudo", que com frequência identifica pessoas que têm diferenças específicas de aprendizagem ou que são pensadores neurodivergentes. Como professores, é importante compreender como esses alunos pensam para auxiliá-los a aprender de forma eficaz e progredir.

Quais são as diferenças específicas de aprendizagem?

Anteriormente, a denominação "dificuldades específicas de aprendizagem" era usada para descrever quando havia uma disparidade no desempenho entre as áreas de aprendizagem. Ela era definida como "uma dificuldade particular em uma área de aprendizagem em uma criança que tem um desempenho satisfatório em outras áreas" (Worthington, 2003).

A denominação "diferenças específicas de aprendizagem" é agora considerada mais apropriada, pois há vantagens em pensar de forma diferente, bem como desvantagens.

Essas diferenças muitas vezes ocorrem numa mesma família e em todos os grupos raciais e contextos econômicos.

As pessoas não "superam" as diferenças de pensamento, mas como professores podemos ajudá-las a aprender a encontrar uma série de estratégias de sobrevivência para auxiliá-las a superar quaisquer barreiras à aprendizagem que sejam consequência dessas diferenças. Elas podem aprender a absorver e reter informações, ter experiências mais positivas na escola, passar nas provas e tornar-se adultos realizados nas áreas de interesse escolhidas.

Se professores solidários e adaptáveis puderem auxiliar esses alunos a encontrarem os seus pontos fortes e a explorarem os seus próprios estilos e interesses de aprendizagem preferidos, isso poderá fazer uma enorme diferença e permitir que alunos neurodivergentes floresçam.

As neurodivergências que podem ser encontradas em salas de aula tradicionais e afetam a aprendizagem são:

- *Dislexia*: dificuldades de leitura, escrita e ortografia;
- *Discalculia*: dificuldades com números e aritmética;
- *Disgrafia*: dificuldades físicas com a caligrafia;
- *Dispraxia*: dificuldades de movimento e coordenação;
- *Transtorno do déficit de atenção com hiperatividade* (TDAH): dificuldades de concentração;
- *Transtorno do espectro autista* (TEA): dificuldades sociais e de comunicação;
- *Evitação patológica de demanda* (EPD): dificuldade em cumprir as demandas percebidas (característica manifestada por alguns indivíduos autistas);
- *Transtorno de processamento sensorial* (TPS): sensibilidade exacerbada ou abafada a determinados estímulos;
- *Tiques e Síndrome de Tourette* (ST): movimentos ou ruídos incontroláveis;
- *Transtorno obsessivo-compulsivo* (TOC): preocupações e medos infundados (obsessões) que levam a padrões de comportamento repetitivos (compulsões).

Todas essas diferenças variam em gravidade leve a severa, de modo que não haverá dois alunos iguais. Há também uma coexistência considerável entre elas, e cada aluno apresentará seu próprio "coquetel" de desafios e pontos fortes (Figura 1.1). Por exemplo, alguns alunos disléxicos também podem ser discalcúlicos ou manifestar TDAH, outros não. E cada aluno neurodivergente é um indivíduo com personalidade e perfil próprios, por isso pode ser difícil generalizar. Como regra geral, tanto quanto lhe for permitido, deixe a criança mostrar o caminho enquanto você descobre quais são suas necessidades de aprendizagem. Neste livro, descrevi cada uma das diferenças de aprendizagem separadamente, mas poderá ser necessário mergulhar em vários capítulos, caso um aluno tenha uma "combinação" de dificuldades.

Mais informações podem ser encontradas no Apêndice 1, que mostra um resumo dos sintomas mais comuns para cada diferença de aprendizagem.

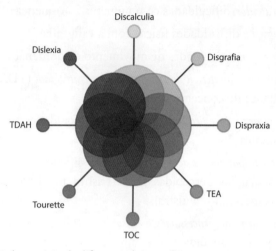

Figura 1.1 Sobreposição de diferenças de aprendizagem

É importante tentar compreender a "combinação" dos seus alunos e a extensão dos seus pontos fortes e dificuldades de modo que possa trabalhar com eles para alcançar o sucesso.

Como aprendemos melhor?

Todos nós temos aspectos positivos, negativos e maneiras que preferimos aprender.

Como professores, estamos inclinados a ensinar da maneira que gostamos de aprender; por isso, devemos nos lembrar continuamente de tentar fazer adaptações que melhor se adequem aos nossos alunos.

Recebemos informações de muitas formas, mas principalmente:
- Pelo que vemos;
- Pelo que ouvimos;
- Pelo que fazemos fisicamente.

As aulas mais frutíferas geralmente são multissensoriais, já que o conteúdo das lições é reforçado de diversas maneiras, tornando-as mais memoráveis.

É importante lembrar que alguns alunos podem ter dificuldades em assimilar e lembrar o conteúdo apresentado de uma forma específica e, por isso, é fundamental usar uma variedade de abordagens para envolvê-los. Alguns também podem ter dificuldades com o excesso de estímulos sensoriais[1]; portanto, técnicas podem precisar ser modificadas.

É reconhecido também que alguns indivíduos são sociáveis, com boas habilidades interpessoais, e apreciarão trabalhar em situações de grupo. Outros serão mais reservados e autossuficientes e terão fortes habilidades intrapessoais, e preferirão trabalhar sozinhos.

Figura 1.2 Ideias de ensino multissensoriais

---

1. Cf. capítulo 9.

É de vital importância que os professores estejam cientes dessas preferências para todos os alunos, mas especialmente para aqueles que são neurodivergentes. Todos os alunos devem, no entanto, ser incentivados, por vezes, a trabalhar fora da sua zona de conforto, ou do que é habitual para eles, desde que isso não lhes provoque demasiado estresse, e essa é outra vantagem de usar uma abordagem multissensorial. Acima de tudo, tente tornar suas aulas ativas, estimulantes e animadas para manter os alunos envolvidos.

Aprendizagem ativa ou passiva?

A aprendizagem ativa ocorre quando os alunos participam de atividades como discussões em grupo, debates, realização de experimentos, apresentações ou invenção de um novo recurso didático. O aumento do potencial de aprendizagem proporcionado por esse tipo de abordagem é claramente demonstrado pelo gráfico de aprendizagem mostrado na Figura 1.3.

Os alunos podem reter melhor a informação se estiverem ativamente envolvidos no próprio processo de aprendizagem, em vez de serem receptores passivos de informação. Muitas vezes, é fácil para nós, como professores, adotarmos a abordagem do "estilo de aula expositiva", especialmente quando estamos correndo para "concluir" o conteúdo programático. No entanto, tente passar a bola às vezes para os alunos. Você pode se surpreender com os resultados.

Além disso, uma oportunidade para aprendizagem ativa pode ser um momento em que os alunos com diferentes estilos de pensamento tenham a oportunidade de brilhar. Às vezes, eles podem produzir material incomum, emocionante e estimulante, que podem mostrar aos seus colegas. Isso é bom para sua autoestima e todos podemos aproveitar e celebrar seus talentos.

IDEIA

Tente fazer com que os alunos inventem jogos de tabuleiro ou músicas relacionadas a um tópico. Pode ser divertido.

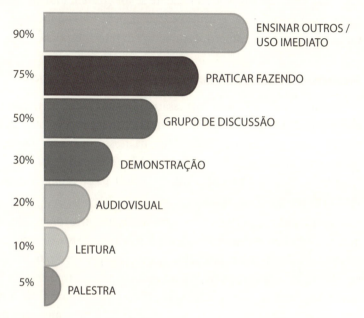

Figura 1.3 Retenção de informações

Nota: Baseado na pirâmide de aprendizagem National Training Laboratories (NTL), Institute of Applied Behavioral Science na Virgínia, Estados Unidos.

Velocidade de processamento

Quando absorvemos informações que vemos, ouvimos ou experimentamos fisicamente, leva-se um pouco de tempo para pensar sobre elas e respondê-las. Isso é chamado de tempo de processamento. Quanto menor o tempo de processamento, mais rápido o pensamento e o aprendizado podem ocorrer.

Algumas pessoas são descritas como tendo uma velocidade de processamento lenta e por isso levarão mais tempo para absorver a informação e pensar numa resposta. Isso não reflete sua inteligência global ou problemas físicos de visão ou audição. Acontece que a interpretação da informação demora mais.

Alunos com velocidade lenta de processamento se beneficiarão, portanto, de ter alguns momentos para pensar antes de responder a perguntas verbais. Eles podem ficar afobados e ser incapazes de obter respostas com rapidez suficiente se lhe fizerem uma pergunta repentina e o tornarem "o centro das atenções". Eles também precisarão de mais tempo de processamento em provas escritas.

Memória de curto prazo (memória de trabalho)

Informações que são necessárias apenas temporariamente, como uma lista de compras, um conjunto de instruções ou a pontuação numa partida de tênis, ficam na nossa memória de curto prazo. Essa memória "de trabalho" também é essencial para não se "perder" ao realizar procedimentos passo a passo, como cálculos matemáticos.

Se um aluno tiver uma fraca memória de curto prazo ele esquecerá continuamente instruções, reuniões, números de páginas, materiais, lição de casa, para citar apenas alguns exemplos. Todas as informações devem, portanto, ser escritas ou registradas antes de serem esquecidas. Alunos com dificuldades de memória de curto prazo não poderão fazer revisão da matéria no último minuto antes das provas. Eles terão que guardar informações em sua memória de longo prazo para corrigi-las. Isso provavelmente levará mais tempo e precisará de maior repetição e reforço.

Memória de longo prazo

Construímos e retemos um banco de conhecimento que pode ser recuperado por muitos anos, graças à nossa memória de longo prazo. Uma vez que o material tenha sido depositado na memória de longo prazo, ele estará muito mais enraizado e poderá até permanecer conosco por toda a vida. Mesmo quando adultos, a maioria de nós consegue se lembrar de canções infantis ou expressões que nossos pais nos disseram quando éramos pequenos.

Muitas vezes, somos mais capazes de lembrar informações se pudermos fazer alguma conexão mental, como uma rima, um mnemônico, um ritmo musical ou um ditado engraçado. Isso aumenta a probabilidade de entrar na memória de longo prazo.

Pergunte a qualquer médico e ele provavelmente conseguirá lembrar pelo menos uma rima confiável para recordar os nomes dos nervos cranianos.

Capacidade de atenção

O intervalo de tempo durante o qual os alunos do ensino secundário são capazes de se concentrar em uma única atividade varia, mas é um período relativamente curto, normalmente cerca de quinze minutos para os adolescentes.

Portanto, é benéfico mudar de atividade várias vezes durante uma aula. Alguns alunos, incluindo aqueles com TDAH, podem ter períodos de concentração ainda mais curtos do que o normal para sua faixa etária, e isso pode afetar a capacidade de aprender novos conteúdos e de ter um bom desempenho. Esses alunos podem facilmente ficar entediados e simplesmente "se desligar" ou interromper as aulas.

Mudar regularmente o estilo de aprendizagem e o ritmo da aula pode ajudar a manter os alunos concentrados. Procure progredir em *sprints* curtos em vez de ir para uma maratona!

Habilidades de função executiva

Essas competências estão relacionadas com planejamento e organização, definição de metas, aprendizagem com a experiência e controle do comportamento impulsivo. A maioria dos adolescentes tem problemas nessas áreas, mas melhoram gradualmente à medida que avançam no ensino secundário. No entanto, muitos alunos neurodivergentes têm maior dificuldade do que os seus pares com organização e planejamento. Provavelmente continuarão precisando de apoio nessas áreas durante toda a escola.

Audição

Condições como otite média com efusão (ouvido de cola) em crianças pequenas reduzem sua precisão auditiva. Mesmo que esse problema físico tenha sido remediado, podem ter perdido uma fase inicial do desenvolvimento, quando teriam identificado sons produzidos por letras e combinações de letras (fonemas) dentro das palavras. Isso pode contribuir para problemas de ortografia e leitura mais tarde, pois a criança pode não ter ouvido as palavras com precisão no passado. Geralmente pulam sílabas quando escrevem ou confundem consoantes como "p" com "b". Algumas crianças disléxicas têm histórico de otite média com efusão na primeira infância.

Visão

Alguns alunos podem ter dificuldades com o rastreamento, que é a capacidade de coordenar os dois olhos para acompanhar palavras em uma linha de texto. Isso pode causar grande dificuldade de leitura, pois eles podem pular linhas ou deixar passar palavras.

O estresse visual é outra situação em que os olhos não funcionam juntos corretamente, e isso pode fazer com que as letras se fundam ou as linhas saltem (Figura 1.4). É evidente que isso torna muito difícil a leitura precisa e o ato de copiar da lousa. O estresse visual e os problemas de rastreamento podem ser melhorados com exercícios regulares para os olhos e, em alguns casos, também foi descoberto que mudar a cor do papel de fundo ou da tela do computador pode ajudar.

Nem sempre há uma ligação entre o estresse visual e a dislexia, mas muitas vezes vale a pena investigar, pois muitas pessoas disléxicas têm dificuldades de rastreamento ocular.

Se houver alguma possibilidade de problemas visuais que façam com que o aluno copie incorretamente ou reclame de cansaço visual e de dores de cabeça, vale a pena pedir a um optometrista comportamental especialista que investigue mais a fundo para que o aluno receba o suporte correto.

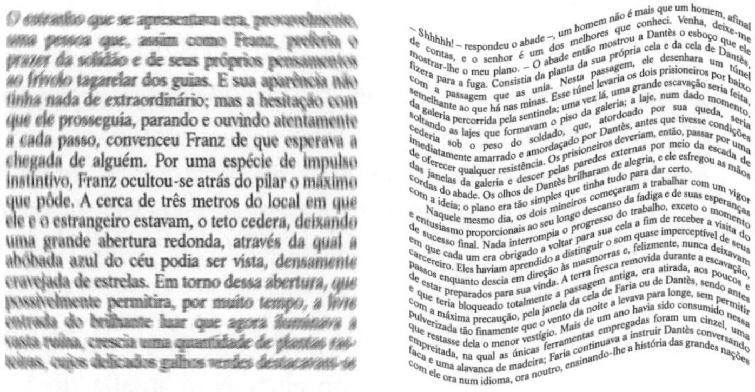

Figura 1.4 Dois exemplos de resultados do estresse visual
Cortesia da Blackstone Optometrists

O valor do diagnóstico

Pela minha experiência, muitos alunos têm uma sensação de alívio quando recebem o diagnóstico de uma neurodivergência. Dá uma compreensão de qualquer diferença e reconhece seus pontos fortes. Também pode ser útil para professores e pais, uma vez que os relatórios de especialistas muitas vezes fornecem maiores informações e conselhos.

Scaffolding – oferecendo apoio à aprendizagem

Qualquer que seja a diferença de aprendizagem de um aluno, ele se beneficiará do apoio contínuo e personalizado dos seus professores para construir gradualmente independência e confiança. O termo *scaffolding* foi adotado recentemente para descrever essa abordagem.

Utilização de *software* especializado em tecnologia assistiva

Existe hoje uma grande variedade de tecnologia assistiva disponível e isso pode ser um enorme benefício para alunos com diversas diferenças de aprendizagem.

UMA VISÃO DE DENTRO

Usar *software* de conversão de texto em fala tem sido a estratégia de enfrentamento mais importante da minha vida.

Obrigada a Neil Cottrell, um aluno inteligente com dislexia grave. Ele obteve um diploma de primeira classe em psicologia e fundou a empresa de software assistivo LexAble.

O campo está mudando e se desenvolvendo muito rapidamente, por isso vale a pena procurar aconselhamento atualizado. Uma lista de sites e produtos úteis pode ser encontrada nos sites fornecidos que acompanham este capítulo.

Alguns *softwares* úteis incluem:

- *Software de reconhecimento de voz*: pode ser fantástico para alunos com dislexia grave, pois o *software* responde à palavra falada e converte-a em texto escrito;
- *Software de conversão de texto em voz*: lê texto em voz alta e pode ser usado em sites, e-mails, artigos e páginas digitalizadas de livros;
- *Scanners*: convertem páginas em formato eletrônico para que o *software* de conversão de texto em fala possa ser usado. Há hoje *scanners* para livros que não deixam que o texto no centro da lombada fique distorcido;
- *Canetas digitalizadoras*: são facilmente transportáveis e podem ler certas palavras ou frases, conforme necessário. Elas também possuem um dicionário de sinônimos e recursos de tradução. No entanto, estão disponíveis "canetas para exames" especiais sem funções adicionais;
- *Programas de verificação ortográfica*: já existem há algum tempo, mas eram muito fracos na interpretação do que os disléxicos tentavam dizer. Recentemente, foram desenvolvidos verificadores adequados para disléxicos que funcionam de uma forma mais fonética e baseada no contexto. Isso pode permitir que o aluno se concentre no conteúdo, e não na ortografia.

Todos esses dispositivos podem ser usados em provas se estiverem configurados no modo de prova.

Diferenças específicas de aprendizagem: um desafio ou um estímulo?

É estimulante e revigorante poder oferecer apoio a alunos neurodivergentes, celebrar seus pontos fortes, abraçar seus sucessos e trabalhar com eles para conquistar áreas de aprendizagem que consideram difíceis.

É mais útil pensar em termos de alunos com diferenças de aprendizagem, em vez de dificuldades ou deficiências, pois eles também têm muitos pontos fortes e talentos.

UMA VISÃO DE DENTRO

O cérebro de cada pessoa funciona de maneira diferente. Por que as pessoas não são celebradas pelas suas contribuições em vez de constantemente criticadas por aquilo que consideram difícil?

John, um jovem adulto com dispraxia.

Não consigo enfatizar o suficiente o quanto um professor compreensivo e solidário pode iluminar as perspectivas e aumentar as aspirações dos alunos com diferenças de aprendizagem. Você não estará certo o tempo todo, mas se os alunos souberem que você tem fé neles e deseja que tenham sucesso, isso será ótimo para a autoestima deles e irá auxiliá-los no longo caminho até o sucesso e a realização como adultos.

O segredo é permanecer alegre e otimista e perguntar aos alunos o que mais os ajuda, pois eles são os especialistas em como funciona o seu pensamento! Seja flexível em sua abordagem e não tenha medo de experimentar ideias diferentes. Às vezes, os mais malucos funcionam melhor!

Lembre-se, você não está só

Existem outros profissionais na escola que oferecem suporte aos alunos com DEA e aconselham os seus professores, por isso não se sinta sozinho. A maioria das escolas e faculdades conta com um coordenador de necessidades educacionais especiais (em inglês: *Special Educational Needs Coordinator – Senco*), cuja função é garantir que as necessidades individuais dos alunos sejam atendidas pela escola. Também pode haver um *diretor de cuidado pastoral*, um coordenador de ano ou o *tutor do aluno* a quem você pode abordar em caso de dúvidas. Os alunos podem frequentar aulas individuais com um *professor especialista em apoio à aprendizagem* ou consultar regularmente um *médico* ou *fisioterapeuta*. Você também poderá ter um *assistente de sala* trabalhando com você na aula, caso o aluno necessite de mais apoio. Certifique-se de discutir quaisquer preocupações com a pessoa apropriada e trabalhe como uma equipe unida.

DENOMINAÇÃO PARA ALUNOS NEURODIVERGENTES

Tem ocorrido um recebido debate entre profissionais médicos e organizações de apoio sobre como encaminhar pessoas com diferenças de aprendizagem ou outras diferenças específicas que possam gerar um diagnóstico médico formal. Algumas organizações com orientação mais médica aconselham falar sobre "uma pessoa que tem uma condição" (por exemplo, "um aluno que tem dislexia" ou "um aluno com discalculia"). Isso distancia a pessoa de sua diferença.

No entanto, muitos indivíduos neurodivergentes, bem como a National Autistic Society, aconselham que o autismo faz parte da personalidade de alguém, e não um "rótulo" atribuído. Assim, o termo deveria ser "criança autista" ou "criança portadora de EPD" em vez de "criança com autismo" ou "criança com EPD".

Portanto, mudei minha terminologia nesta edição ao me referir tanto a alunos autistas quanto a alunos disléxicos para tentar refletir o pensamento de hoje, e usei a linguagem que prioriza a pessoa e a que prioriza a identidade de forma intercambiável para outras identidades.

Contudo, as pessoas variam muito em termos de sensibilidade, e a minha melhor recomendação seria perguntar aos alunos (ou aos seus pais, se forem muito jovens) como prefeririam ser denominados.

— — Pontos-chave — — — — — —

* Todos temos diferentes pontos fortes e fracos, e formas preferidas de aprender;
* Recebemos informações por meio dos nossos olhos, ouvidos e experiências físicas;
* Alguns alunos neurodivergentes têm dificuldade em absorver e processar informações apresentadas de uma forma, mas conseguem acessá-las por uma via diferente;
* As aulas são mais eficazes se forem multissensoriais e se envolverem os alunos numa participação ativa;
* Os alunos podem ter dificuldades com capacidade de concentração, velocidades de processamento, memória de trabalho e organização;
* Ter diferenças de aprendizagem não afeta a inteligência global do aluno;
* Um professor alegre, proativo e solidário pode fazer toda a diferença.

2
Dislexia

* O que é dislexia?
* Como a dislexia é diagnosticada?
* Como posso identificar um aluno disléxico?
* Pontos fortes comuns
* Indicadores comuns (aspectos negativos)
* Abordagem global
* Estratégias de sala de aula
* Suporte individual
* Pontos-chave

O que é dislexia?

Indivíduos disléxicos têm *dificuldade com a linguagem escrita*, ou seja, com:

- Leitura;
- Escrita;
- Ortografia.

A dislexia foi definida como uma "dificuldade de aprendizagem que afeta principalmente as habilidades envolvidas na leitura e ortografia precisa e fluente de palavras" (Rose, 2009).

A dislexia ocorre em toda a gama de habilidades intelectuais. Acredita-se que afete até 10% da população, com uma gravidade variando de leve a grave (Associação Britânica de Dislexia, s.d.), e podendo afetar meninos e meninas.

O termo "dislexia do desenvolvimento" é por vezes utilizado; isso significa que a pessoa nasce com essa diferença e que ela não ocorreu em decorrência de doença ou acidente. Não pode ser curada, mas estratégias de enfrentamento podem ser aprendidas.

De onde vem o nome?

Dys vem da palavra grega que significa dificuldade, e *lexis* vem da palavra grega que significa palavra. Então, dislexia significa *dificuldade com palavras*.

A dislexia geralmente ocorre numa mesma família, o que sugere que pode haver uma ligação genética.

As técnicas de neuroimagem mostram que as pessoas disléxicas processam informações de maneira diferente das outras. Elas tendem a pensar mais em imagens do que em palavras e a fazer conexões laterais rápidas (Schneps, 2014). Isso pode ser muito vantajoso em algumas circunstâncias e áreas da vida.

Problemas auditivos na primeira infância, como otite média com efusão; ou fraqueza visual, como dificuldades de rastreamento ocular, não causam dislexia por si só, mas podem ser fatores contribuintes[2].

Como a dislexia é diagnosticada?

A dislexia é diagnosticada por um professor especialista devidamente qualificado ou por um psicólogo educacional. Um teste de diagnóstico completo é realizado.

Como posso identificar um aluno disléxico?

A dislexia é frequentemente descoberta devido a uma discrepância entre a boa capacidade oral de um aluno e o seu desempenho medíocre a fraco no papel.

---

2. Cf. capítulo 1.

Procure um aluno que faz contribuições sensatas e inteligentes em sala de aula, mas apresenta resultados contínuos abaixo do esperado em provas escritas, apesar do trabalho árduo. Eles também podem parecer cometer erros "descuidados" devido à leitura incorreta de enunciados ou instruções.

Pontos fortes comuns

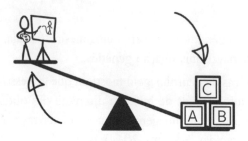

ASPECTOS POSITIVOS

- Pensador inovador e imaginativo;
- Boa visualização e habilidades espaciais;
- Pensa muito rapidamente em imagens;
- Faz conexões laterais no pensamento;
- Frequentemente criativo: bom senso de cor e textura, pode se destacar em arte, *design* e fotografia;
- Pode ser bom verbalmente;
- Pode ser muito perspicaz;
- Pode ser bom em artes cênicas ou em debates;
- Holístico, vê o quadro geral;
- Pode ser multitarefa;
- Solucionador de problemas intuitivo;
- Frequentemente trabalhador e tenaz;
- Alta inteligência emocional, empático;
- Boas habilidades interpessoais;

- Membro valioso e solidário da equipe;
- Espírito empreendedor.

Indicadores comuns (aspectos negativos)

ASPECTOS NEGATIVOS

Alunos disléxicos apresentarão alguns dos indicadores listados a seguir, mas provavelmente não todos; por isso poderá haver confusão. Lembre-se também de que isso pode ser ainda mais complicado, pois alguns alunos podem ter outras diferenças específicas de aprendizagem, bem como dislexia. E cada um é um indivíduo, por isso não há dois alunos disléxicos que tenham exatamente o mesmo perfil de pontos fortes e de dificuldades.

Leitura

- Velocidade de leitura lenta;
- A leitura é muitas vezes imprecisa;
- Nem sempre pode compreender o que leu, pois está concentrado em decifrar as palavras; por isso pode perder o significado geral;
- As imprecisões de leitura podem aumentar sob pressão. Suscetível a cometer mais erros em provas;
- Muitas vezes pode substituir uma palavra de aparência semelhante, frequentemente começando e terminando com a mesma letra. Por exemplo, "roupa de cama" pode se tornar "roupa de cana";

- Pode ter dificuldade com a compreensão escrita, muitas vezes devido à leitura errada de palavras ou à falta de palavras-chave no texto;
- Pode ver-se intimidado com grandes trechos de texto e letras pequenas;
- Pode não gostar de ler em voz alta, pois pode hesitar ou cometer erros. Preocupado em ser ridicularizado.

Ortografia

- Pode apresentar grafia irregular da mesma palavra, muitas vezes dentro de um único texto;
- Pode ter dificuldade com a fonologia (ouvir os sons das palavras). Pode pular sílabas de palavras, por exemplo, "dificulade" em vez de "dificuldade";
- Pode confundir consoantes; por exemplo, *p* e *q* ou *b* e *d*.

Durante anos minha filha chamou as batatas de "patatas"!

A autora

- Pode usar inversões de letras, por exemplo, escrever *furta* no lugar de *fruta*;
- Pode se sair bem em testes ortográficos de palavras predeterminadas, mas a ortografia "desanda" ao redigir um ditado, pois a concentração está no conteúdo, e não na ortografia;
- Nomes de pessoas e lugares podem muitas vezes ser mal escritos e variar.

Escrita

- Pode ter baixa velocidade de escrita;
- Pode ter dificuldades com ortografia e pontuação;
- Pode achar difícil pensar no conteúdo e na ortografia ao mesmo tempo; portanto, se o conteúdo for bom, a ortografia

pode ser ruim. Por outro lado, se o fluxo de concentração do aluno for interrompido ao pensar na ortografia, é provável que o conteúdo seja afetado;
- O seu texto escrito pode ser muito mais curto e simples do que o esperado, pois o aluno evitará certas palavras se não tiver certeza da ortografia e irá se limitar a palavras curtas "seguras";
- Letras maiúsculas podem ser usadas aleatoriamente ao longo de um texto;
- A escrita pode ser difícil de ler, pois letras como *a, d, g* e *q* podem não estar completamente formadas;
- Pode ter dificuldade em organizar os pensamentos de forma clara e lógica; por isso, as redações podem divagar;
- Pode não conseguir responder ao enunciado, seja por interpretar errado o próprio enunciado, por não compreendê-lo ou por se afastar do tópico.

Anotação em aula

- Talvez não seja possível copiar com precisão de uma lousa. Pode copiar a grafia incorretamente, perder palavras ou pular linhas;
- Pode não acompanhar o ditado;
- Pode apresentar imprecisões nas anotações feitas em aula, especialmente em língua estrangeira ou com símbolos químicos;
- Pode ser incapaz de processar e compreender informações ao mesmo tempo em que faz anotações.

Matemática

Alguns alunos disléxicos podem ser bons em matemática, mas cometem erros na interpretação dos enunciados.

- Pode interpretar errado enunciados – o vocabulário matemático é bastante extenso e pode causar confusão;

- Pode confundir símbolos como + com × e ÷ com −;
- Pode não ser capaz de ler as instruções de forma eficaz;
- A álgebra pode ser especialmente difícil se forem usadas letras como *b*, *d*, *p* e *q*;
- Problemas de memória de curto prazo podem causar dificuldade em reter números por tempo suficiente para a próxima etapa de um cálculo;
- Pode fazer inversões de números, de modo que 28 se torne 82.

Alguns alunos também podem ter discalculia[3].

Concentração

- Pode se distrair facilmente;
- Pode ter um período de concentração curto;
- Pode realizar saltos e conexões mentais laterais rápidos, portanto pode sair amplamente do assunto – "mente de gafanhoto";
- Os pensamentos podem estar desconectados e não parecerem organizados ou sequenciais.

Velocidade de processamento lenta

- Pode levar mais tempo para responder a perguntas oralmente ou por escrito. Às vezes, isso se deve à necessidade de transformar mentalmente as informações em imagens antes que elas possam ser decodificadas e trabalhadas;
- Pode ser propenso a entrar em pânico sob pressão e a mente "dá branco", mesmo com algo que conhecem bem.

Memória de curto prazo fraca

- Pode ter dificuldades em lembrar instruções – seguir experiências ou receitas, fazer lição de casa, entregar lição de casa;
- Pode ter dificuldade em reter números para cálculos;
- Pode ter dificuldade em lembrar o que escrever.

---

3. Cf. capítulo 3.

Informações de aprendizagem

- Pode ser incapaz de revisar rapidamente e "emperrar" em provas devido a uma memória de curto prazo fraca;
- Pode levar mais tempo para aprender, pois os fatos precisam ser guardados na memória de longo prazo;
- Pode ter dificuldades para encontrar técnicas de revisão da matéria eficazes.

Provas[4]

- Pode ter baixo desempenho, causando uma discrepância entre o desempenho oral e o desempenho na prova escrita;
- Pode não ser capaz de ler o enunciado com precisão, por isso pode cometer erros aparentemente "descuidados";
- Pode ter dificuldade em organizar pensamentos de forma clara e lógica para respostas e ensaios longos;
- Pode ficar sem tempo;
- Pode entrar em pânico ou ficar sobrecarregado.

Organização[5]

- Pode esquecer instruções ou orientações;
- Pode ter um senso de direção ruim e se perder facilmente;
- Pode confundir esquerda e direita;
- Pode interpretar errado o quadro de horários e instruções e ter dificuldade em saber as horas;
- Pode ter dificuldade em ler um relógio analógico;
- Pode se distrair e esquecer a hora;
- Pode esquecer de trazer materiais, livros, anotações, lição de casa;
- Pode perder pertences;

---

4. Cf. capítulo 13.
5. Cf. capítulo 12.

- Pode confundir nomes de lugares e pessoas, especialmente se começarem com a mesma letra.

Reações sensíveis e emocionais

- Pode sentir-se chateado e humilhado nas aulas;
- Pode levar comentários a sério. Pode ficar chateado com *feedbacks* negativos ou críticas;
- Pode ficar facilmente desanimado, levando à baixa autoestima;
- Pode ser sensível e não ter autoconfiança;
- Pode ficar intimidado por tarefas complexas;
- Pode decidir bancar o palhaço da turma para ganhar crédito entre os colegas e dar uma "desculpa" por não se sair tão bem.

Fadiga

Geralmente, um aluno disléxico tem que se esforçar mais para acompanhar o trabalho e isso leva ao aumento do cansaço, estresse e ansiedade.

> ESTUDO DE CASO: DISLEXIA
>
> Aprender o vocabulário francês foi um pesadelo para Jay, de 12 anos, que tinha dislexia. Ele já tinha dificuldade suficiente para aprender e soletrar palavras em inglês e achava isso muito difícil e entediante. Seu livro de vocabulário era apenas uma lista de palavras e era muito chato.
>
> Sua mãe o ajudou bastante. Eles etiquetaram objetos pela casa e usavam seus pertences favoritos sempre que possível. Às vezes, faziam modelos juntos nos fins de semana para ilustrar sua lista semanal de palavras em francês. Quando possível, a professora dava à mãe uma cópia da lista de vocabulário com antecedência para que ela pudesse elaborar algumas ideias. Fazer modelos tornou o aprendizado divertido e deu a Jay

uma imagem mental para fundamentar as palavras. Ao falar as palavras em voz alta e inventar canções ou usar o ritmo, eles também reforçavam o vocabulário, ajudando na recordação oral. Aprender francês tornou-se um jogo semanal divertido e sua confiança aumentou. A ortografia ainda era difícil, mas ele conseguiu contribuir nas aulas e sentir uma sensação de realização. Ele também ficou muito satisfeito em mostrar suas habilidades orais durante as férias em Paris.

Moral da história: *Uma abordagem multissensorial para aprender fatos sem graça pode fazer uma grande diferença para alunos disléxicos. Pais informados também podem oferecer um enorme apoio.*

Abordagem global

- Seja solidário, acessível e otimista;
- Use uma abordagem multissensorial sempre que possível;
- Lembre-se de que eles podem precisar de mais tempo para interpretar e responder a enunciados escritos;
- Trabalhe com o aluno para elaborar estratégias de aprendizagem bem-sucedidas;
- Mantenha-se alegre e disposto a experimentar novas abordagens;
- Deixe claro que você acredita na capacidade deles.

Estratégias de sala de aula

Assentos

Certifique-se de que os alunos disléxicos se sentem na frente. Isso traz várias vantagens:

- Eles conseguem ver a lousa claramente, o que ajudará na leitura;
- É mais provável que se mantenham envolvidos na aula e não se distraiam;

- Você pode ver facilmente o trabalho deles e saber como estão se saindo;
- Você pode verificar se as informações e as instruções das lições de casa estão escritas corretamente.

Leitura

- Os alunos disléxicos podem demorar mais tempo para ler um texto e também podem não conseguir processar o conteúdo ao mesmo tempo;
- A precisão da leitura pode ser fraca, por isso, incentive-os a ler as instruções lentamente, duas vezes;
- Tente imprimir em fundo de diferentes cores. Vale a pena experimentar. Descubra o que combina com seu aluno;
- Incentive o uso de marcadores para enfatizar palavras-chave nos enunciados;
- Investigue o uso de réguas de leitura para evitar pular linhas (veja a lista de recursos deste capítulo);
- Os questionários devem ser bem espaçados e em fonte grande.

Leitura em voz alta

Compreensivelmente, isso pode ser uma grande fonte de pânico, estresse e constrangimento para alguns alunos. Eles temerão o momento em que lhes for solicitada a leitura em voz alta. Você poderia perguntar a um aluno disléxico, antes de tudo, se ele ficaria feliz em ler em voz alta. Você nunca deve torná-la obrigatória, pois eles podem simplesmente não se sentir confortáveis ou seguros ao fazê-lo. Se um aluno disléxico gosta de ler em voz alta, a seguir estão algumas dicas para auxiliá-lo:

- Não lhes peça repentinamente que leiam em voz alta;
- Alguns alunos ficarão felizes em ler se tiverem a oportunidade de ver a passagem com antecedência;
- Uma cópia impressa maior de um texto às vezes é mais fácil de ler;

- Muitos alunos disléxicos são bons atores, apresentadores e oradores, mas têm dificuldade em ler à primeira vista. Dê-lhes o texto com antecedência. (Alguns atores disléxicos muito talentosos precisam estudar os roteiros dos testes.)

Ortografia

- Crie uma lista de grafias principais para cada tópico;
- Os alunos poderiam produzir um vocabulário ou glossário;
- Use cores para animar listas de vocabulário, especialmente em línguas estrangeiras. Talvez os substantivos pudessem estar em um papel colorido e os verbos em outro;
- Os mnemônicos podem ser excelentes para grafias difíceis. Se forem engraçados, serão mais memoráveis. Procure alguns para a sua matéria ou peça aos alunos que inventem alguns;
- Use quaisquer truques ou piadas que você imaginar para ajudar a corrigir a ortografia de palavras difíceis em sua própria matéria;
- Um corretor ortográfico é útil para trabalhos escritos, mas certifique-se de que o aluno esteja ciente de que ele não reconhecerá erros ortográficos se escrever outra palavra reconhecível. Por exemplo, "*Bom* Pedro II" permanecerá inalterado.

Passando anotações em aula

Lembre-se de que os alunos disléxicos têm dificuldade para escrever e processar informações ao mesmo tempo.

- O ideal é distribuir anotações impressas. Anotações com lacunas para preencher costumam ser uma boa concessão. Podem ser personalizadas com ilustrações ou anotações, mas o ato de escrever torna-se muito menos árduo. Você também sabe que os alunos têm o material correto para aprender;
- Se você estiver escrevendo à mão em uma lousa, certifique-se de que sua escrita seja clara, grande e fácil de ler;

- Ditado: sempre escreva quaisquer palavras-chave ou grafias estranhas na lousa, não vá muito rápido. Tente evitar, se possível;
- Verifique o seu trabalho regularmente, pois é provável que haja muitos erros;
- Os alunos com dislexia grave podem se beneficiar da gravação eletrônica da aula e da sua audição novamente mais tarde ou da utilização de *software* especializado, conforme descrito no capítulo 1.

Fazendo apresentações

Faça apresentações simples, divertidas, animadas e memoráveis.
- Não tente colocar muita informação em cada *slide* – um aspecto por *slide*;
- Use espaçamento duplo;
- Use uma fonte clara e simples (sem serifa), como Arial, Calibri ou Trebuchet;
- Inclua diagramas ou desenhos animados;
- Varie a cor de fundo e a escrita. Algumas combinações são muito mais claras para leitores disléxicos;
- Leia o texto em voz alta para os alunos e explique melhor, se necessário.

Preparando lições interativas[6]

- Mantenha as frases curtas e claras;
- Separe bem as informações: use espaçamento duplo;
- Use uma fonte grande (12 ou 14 pontos) e simples, sem rebuscamento;
- Divida a página com títulos, subtítulos e recuos em negrito;
- Use marcadores;
- Adicione diagramas, desenhos e outros marcadores visuais;

---

6. Cf. Figura 2.1.

- Use cores – embora isso possa ser caro, é excelente se você puder usá-las;
- Imprima em papel colorido;
- Torne as lições interativas claras e atraentes.

Lição interativa da cadeia alimentar

1 Preencha com as palavras "produtor", "consumidor primário" e "consumidor secundário" no diagrama da cadeia alimentar de uma horta

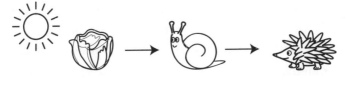

——————   ——————   ——————

2 O que significam as setas na cadeia alimentar?

3 De onde a alface obtém a energia?

4 Se os ouriços morressem, o que aconteceria com as alfaces?

5 Você ganha um safári de férias. Desenhe uma possível cadeia alimentar da savana

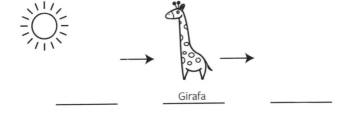

——————   Girafa   ——————

Figura 2.1 Exemplo de lição interativa

Estudando obras literárias

Pessoas disléxicas tendem a ser pensadores holísticos ou "essenciais" e gostam de ter uma ideia do "quadro geral" antes de estudar os detalhes.

- Dê uma visão geral da história no início;
- Avise os alunos com antecedência sobre o texto ou os capítulos a serem lidos, para que possam fazê-lo antes da aula;
- Existe uma versão impressa maior do livro disponível?
- O livro está disponível em versão de áudio não editada?
- As versões cinematográficas podem ser úteis para dar uma visão geral do enredo e dar vida aos personagens, mas avise os alunos de que elas podem diferir do texto original;
- Ilustrações ou diagramas que mostram as relações entre os personagens podem ser recursos visuais úteis e divertidos de fazer;
- Tente dar vida ao livro, poema ou passagem e guardá-lo na memória de longo prazo, representando seções das histórias com as próprias palavras dos alunos, vestindo-se bem ou realizando debates a partir das perspectivas de diferentes personagens;
- Que tal converter um poema em *rap* ou canção?

Redações, trabalhos de curso e projetos[7]

Isso pode ser muito assustador, pois os alunos disléxicos sentem-se sobrecarregados por tarefas consideradas "grandes" por eles. Eles tendem a ver a magnitude de todo o projeto, em vez de serem capazes de dividi-lo em metas pequenas e alcançáveis.

Você pode fornecer muito suporte:

- Lembrando aos alunos o que eles já sabem para fornecer uma base para a tarefa e aumentar a confiança;
- Dividindo a tarefa em "pedaços" menores e gerenciáveis para fornecer uma estrutura para realizar a tarefa;

---

7. Cf. capítulo 12.

- Fornecendo datas de vencimento de diferentes seções;
- Descrevendo o que você espera em termos de comprimento/contagem de palavras;
- Pedindo que cada seção seja entregue para que você possa verificar se os alunos estão no caminho certo.

Passando a lição de casa

- Passe a lição de casa no início da aula;
- Mantenha as instruções claras;
- Dê orientação sobre o tempo que você espera que os alunos demorem;
- Lembre-se de que um aluno disléxico pode demorar muito mais tempo para concluir um trabalho, por isso, indique o que é essencial e o que pode ser resolvido "se tiver tempo";
- Diga claramente quando a lição de casa deve ser entregue e onde colocá-la;
- O ideal é que a tarefa de casa seja escrita em uma apostila, incluindo números de páginas e perguntas. Se os próprios alunos escreverem, verifique a precisão;
- Os detalhes da lição de casa podem ser registrados eletronicamente? Algumas escolas permitem que os alunos escrevam ou ditem suas lições de casa em um telefone celular;
- Muitas escolas têm hoje uma intranet em que podem ser colocados detalhes das lições de casa.

Tornando a lição de casa agradável para alunos disléxicos

Estabeleça, de tempos em tempos, lições de casa criativas que permitam aos alunos disléxicos usarem seus talentos. Os professores podem pedir aos alunos que:

- Desenhem uma série de figuras ou desenhos animados para ilustrar o trabalho;

- Desenhem uma imagem que você fornecer;
- Inventem uma música/poema/*rap*/anúncio;
- Planejem um debate sobre um assunto;
- Inventem um jogo, caça-palavras, palavras cruzadas. (Sugiro que você verifique primeiro se a grafia está correta!);
- Preparem uma breve apresentação dramática;
- Gravem uma breve reprodução de voz ou monólogo;
- Façam um curta-metragem;
- Construam uma maquete.

Correção da lição de casa

- Marque o conteúdo, e não a ortografia. Lembre-se de que muitas vezes há uma disparidade entre a capacidade acadêmica e a língua escrita, como mostra o exemplo a seguir:

Eles nosDeram Capacetes. Cavernas = calcário só pq é a única rocha que pode ser dissolvida pela água. Fell Beck [N.T.: riacho localizado na base da montanha Ingleborough] fez a caverna, depois incontro [sic] uma passsagi [sic] mais baixa. Fez uma parede de Tufo [N.T.: rocha vulcânica] reteve lago. Eles explodiram. Havia um micro meio anbiente [sic] na caverna, onde batia lus [sic]. Isso siguinifica [sic] que musgo crescia lá. Do tufo cresceu musgo. Cristais de calsita [sic] estavam brilhando

Pernas de elefantis [sic] = pilars [sic]
   Cobre = Turqueza [sic]
     Auga = Turqueza [sic]
       Ferru [sic] = marrom
         Foço [sic] = marrom

Obrigada a Neil Cottrell, fundador da LexAble, pela permissão de uso deste trecho de suas anotações de campo de geografia, 6º ano.

- Evite riscar todos os erros ortográficos. A versão correta pode ser escrita na margem ou abaixo;
- Não corrija todos os erros de linguagem e de pontuação. Decida o que é importante em cada trabalho;
- Escreva no rodapé quaisquer palavras-chave que tenham sido escritas incorretamente, para que possam ser reunidas em um glossário e aprendidas;
- Tente escrever um comentário positivo e construtivo, como "Muito bem, gostei especialmente da sua descrição vívida";
- Mantenha outros comentários construtivos e otimistas, "Da próxima vez, pense em...";
- Dependendo da política de notas da escola, às vezes é um alívio avaliar sem dar uma nota, mas apenas oferecendo um comentário por escrito;
- Considere dar duas notas, especialmente para projetos criativos: uma para conteúdo acadêmico e a outra para apresentação/originalidade "artística" geral. Essa é uma forma útil de reconhecer a criatividade e o pensamento original.

Usando *software* especializado

Alunos disléxicos podem se beneficiar muito da utilização de *software* especializado, conforme descrito no capítulo 1. Recursos para conversão de texto em voz e para reconhecimento de voz podem fazer uma enorme diferença.

Organização[8]

Indivíduos disléxicos têm frequentemente dificuldades genuínas de organização. Eles podem interpretar errado as instruções, perder-se, esquecer o material e chegar atrasados e exaustos às aulas. Planejar com antecedência e cumprir prazos também podem causar dificuldades e o aluno precisará de orientação.

---

8. Cf. capítulo 12.

Apoio individual

Um *mentor adulto* é um grande apoio para alunos disléxicos. Pode ser um professor, um assistente de sala, um coordenador de ano, um tutor ou um especialista do departamento de apoio à aprendizagem. A chave para o sucesso é construir um relacionamento e aumentar a autoconfiança do aluno.

Isso pode ser auxiliado por:

- Reunir-se regularmente com seu mentor para resolver as dificuldades à medida que surgem, aumentar a confiança e comemorar os sucessos;
- Recordar aquilo que os alunos já sabem, a fim de fornecer uma base sólida para novos materiais;
- Reforçar, repassando e testando com frequência materiais familiares;
- Relaxar e tornar o aprendizado divertido usando abordagens multissensoriais;
- Revisão da matéria: encontrar estratégias de revisão eficazes.

Administração do tempo

Ler um relógio analógico pode ser muito difícil para alguns indivíduos disléxicos, por isso eles podem realmente não saber que horas são. Um relógio digital é uma boa ideia. Os alarmes podem ser configurados em relógios digitais ou telefones celulares para lembrá-los de quando partir para as aulas.

Provas[9]

Alunos disléxicos precisam desenvolver estratégias de revisão da matéria para guardar informações em sua memória de longo prazo. Eles também precisarão de orientação durante as provas.

Perder-se

Normalmente, nas escolas do ensino médio, os alunos passam de aula em aula, indo de uma sala à outra. Isso pode ser muito

---

9. Cf. capítulo 13.

preocupante para um aluno disléxico, se ele tiver um senso de direção ruim.

Uma planta simplificada da escola e um quadro de horários com as salas das aulas marcadas ajudarão, desde que o aluno possa compreendê-los. A codificação por cores às vezes ajuda.

Certifique-se de que os alunos saibam distinguir esquerda e direita (Figura 2.2).

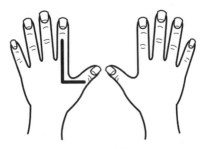

Figura 2.2 A mão esquerda (*left* em inglês) forma a letra L

Fora da escola, planos de rotas ou mapas são úteis em papel ou em formato eletrônico. O aluno precisará levar em consideração o tempo para se perder até estar familiarizado com o percurso, e aprender a chegar cedo ou fazer uma visita prática primeiro para ter certeza de que chegará ao local correto na hora certa, principalmente para compromissos importantes. Isso é algo que faço até hoje!

— — Pontos-chave — — — — — — —

* A dislexia é um problema de leitura, escrita e ortografia;
* Afeta cerca de 10% da população;
* Não está associada à inteligência global;
* As competências organizacionais também podem ser baixas;
* Alunos disléxicos podem aprender estratégias de sobrevivência para contornar as dificuldades;
* As técnicas de ensino multissensoriais são importantes;
* Professores sensíveis em sala de aula podem fazer uma enorme diferença.

3
Discalculia

O objetivo deste capítulo é ajudar todos os professores de disciplinas que possam trabalhar com números, cálculos ou gráficos como parte de seu plano de estudos. Não se limita apenas ao ensino da matemática.

* O que é discalculia?
* Como a discalculia é diagnosticada?
* Como posso identificar um aluno com discalculia?
* Pontos fortes comuns
* Indicadores comuns (aspectos negativos)
* Abordagem global
* Estratégias de sala de aula
* Suporte individual
* Pontos-chave

O que é discalculia?

Pessoas com discalculia apresentam dificuldades em compreender números e, portanto, têm problemas com todos os conceitos numéricos, incluindo contagem, aritmética, estimativa do tamanho relativo dos números e recordação de sequências numéricas.

A discalculia foi definida como *"uma dificuldade específica e persistente na compreensão dos números que pode levar a uma ampla gama de dificuldades com a matemática. Será inesperado em relação à idade, nível de educação e experiência e ocorre em todas as idades e capacidades"* (Associação Britânica de Dislexia, s.d.).

Na Inglaterra, a discalculia foi reconhecida como uma diferença específica de aprendizagem (DEA) à parte em 2004.

De onde vem o nome?

Dys vem da palavra grega que significa dificuldade. *Calculia* vem da palavra latina que significa *contar*. Portanto, discalculia significa *dificuldade em contar*.

Cerca de 6% da população tem discalculia frequentemente em combinação com outra DEA.

A discalculia ocorre em igual medida em meninos e meninas. Muitas vezes, ocorre numa mesma família, por isso acredita-se que tenha um componente genético. Não pode ser curada, mas, com um ensino eficaz, os alunos podem obter uma melhor compreensão dos números e conceber estratégias de enfrentamento eficazes para obterem sucesso na vida adulta.

Como a discalculia é diagnosticada?

Há atualmente um teste de avaliação específico para discalculia. Deve ser feito por um especialista devidamente qualificado e com formação relevante.

Como posso identificar um aluno com discalculia?

Fique atento ao aluno que tem um desempenho muito melhor verbalmente e em tarefas escritas do que em atividades que envolvem números e cálculos. Eles também podem apresentar imprecisão ao recordar números, insegurança em aritmética e tentam evitar o trabalho com números sempre que possível.

Pontos fortes comuns

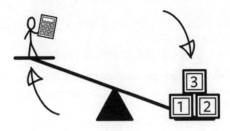

ASPECTOS POSITIVOS

- Em geral, o aluno tem inclinação literária e é um escritor expressivo;
- Poético e artístico;
- Bom solucionador de problemas e pensador lateral;
- Intuitivo;
- Imaginativo, artístico e criativo, com boa noção de cor e textura;
- Frequentemente demonstra boas habilidades de memória para informações baseadas em linguagem;
- Bom verbalmente;
- Empático e sensível aos outros;
- Extrovertido e bom em falar ou atuar em público;
- Engenhoso e perseverante;
- Bom estrategista.

Indicadores comuns (aspectos negativos)

ASPECTOS NEGATIVOS

A maioria dos alunos com discalculia apresenta apenas algumas das seguintes dificuldades com relação aos números.

Números

- Pode não ter uma compreensão intuitiva dos números: pode não saber automaticamente qual número é maior ou menor que outro;
- Pode ser incapaz de subitizar (reconhecer padrões numéricos) para dizer quantos itens há em um pequeno grupo sem contá-los individualmente a cada vez; por exemplo, reconhecer o número de pontos em um dado;
- Pode ter problemas para arredondar números para cima ou para baixo;
- Pode ter dificuldade em estimar as respostas;
- Muitas vezes pode contar nos dedos;
- Pode confundir números semelhantes, como 3 e 8 ou 6 e 9;
- Pode inverter números, por exemplo, trocar 305 por 350;
- Pode ter problemas com zeros – ver-se intimidado com múltiplos de 10;
- Pode achar difícil contar de trás para frente;
- Pode ter extrema dificuldade em aprender a tabuada, pois não consegue contar em conjuntos de números, como 5;
- Não consegue fazer cálculos de cabeça;
- Pode não conseguir enxergar conexões entre conhecidas relações de números. Por exemplo, se 3 + 5 = 8, então 5 + 3 = 8;
- Pode ter dificuldade em lembrar-se de operações matemáticas: pode ter que reaprendê-las continuamente;
- Se uma operação tiver sido aprendida, ela poderá ser aplicada mecanicamente e sem autoconfiança ou compreensão;
- Pode não ter certeza se uma operação tornará a resposta maior ou menor;

- Pode apresentar dificuldade em entender porcentagens, casas decimais e frações;
- Pode não ser capaz de transferir facilmente competências ou operações aprendidas na resolução de um conjunto de problemas para resolver diferentes problemas.

Compreendendo enunciados escritos

- Propenso a entrar em pânico e dar branco com enunciados numéricos, especialmente quando está sob pressão;
- Pode ter dificuldade em entender o que o enunciado está pedindo;
- Pode confundir símbolos matemáticos em enunciados, por exemplo, ÷ e –, + e ×, < e >;
- Pode interpretar errado ou entender mal as palavras dos enunciados;
- Pode se confundir com colchetes;
- Tende a chutar respostas.

Memória de curto prazo/trabalho

Dificuldades de sequenciamento causam dificuldade em recordar:

- Números para trabalhar durante cálculos;
- Uma série de operações ou instruções;
- Sequências numéricas como números de telefone ou senhas;
- Pontuações em jogos ou movimentos em jogos estratégicos como xadrez.

Operações matemáticas mais complexas

Não é de se surpreender que causem mais problemas, especialmente se os princípios básicos não estiverem bem solidificados. Os alunos podem ter dificuldades com:

- Lembrar as fórmulas para resolver problemas, por exemplo, área, volume, massa, velocidade, aceleração;
- Conversão de temperatura;
- Dinheiro, especialmente conversão de moedas;
- Aumento ou diminuição percentual;
- Valores negativos;
- Equações, especialmente se envolverem frações;
- Estatísticas, média, mediana, moda, desvio-padrão.

Representação gráfica

- Pode ter dificuldade em compreender e interpretar gráficos;
- Saber em que direção os eixos devem ser traçados pode ser difícil;
- Pode ter dificuldade em fazer com que a escala caiba no papel;
- As escalas não batem ou são inadequadas;
- Os pontos podem não ser traçados com precisão;
- Pode fazer leituras imprecisas.

Pontualidade

Dizer as horas pode ser um problema genuíno. Os alunos podem ter dificuldade em ler um relógio analógico ou de 24 horas. Como resultado, pode ser imprecisa a estimativa do tempo de trajeto ou quanto tempo as tarefas podem levar.

Ler e compreender quadros de horários ou mapas com referências de grade também pode ser um problema, pois podem perder-se facilmente ou chegar atrasados.

Respostas emocionais

Alunos com discalculia podem ver-se constrangidos nas aulas, com medo de serem questionados e expostos na frente dos colegas. Eles muitas vezes entram em pânico sob pressão e criam táticas elaboradas de evasão para fugir da matemática. Casos extremos podem levar à ansiedade e à "fobia à matemática" (matofobia).

Habilidades organizacionais[10]

Alguns alunos podem ter problemas de organização. Isso é abordado separadamente, já que se trata de uma dificuldade comum de várias DEAs.

Esteja alerta à discalculia – se suspeitar que um aluno tem a condição, pergunte ao coordenador de necessidades educacionais especiais se é possível submeter o aluno a um teste profissional. Essa providência pode fazer uma grande diferença.

UMA VISÃO DE DENTRO

Só porque você não sabe contar, não significa que você não conte.

De It Just Don't Add Up, *do professor Paul Moorcraft (2014), autor, palestrante e correspondente de guerra com discalculia.*

ESTUDO DE CASO: DISCALCULIA

Jamila não conseguia lidar com números. A tabuada era um problema e ela tinha dificuldade para ler o relógio. Ao ingressar no ensino médio, ficou mais ansiosa com as aulas de matemática e tentou evitar que lhe fizessem perguntas. Às vezes, fugia totalmente das aulas de matemática, fingindo estar doente. Passava muito mais tempo fazendo a lição de casa de matemática do que seus colegas e começava a ficar estressada e agitada. Apesar de sua inteligência e aptidão para outras matérias, acabou ficando atrasada em matemática e fez um treinamento especial da disciplina.

Para seu alívio, seu novo professor era gentil e não a julgava, e a sala de aula era uma zona "segura" onde os erros eram

---

10. Cf. capítulo 12.

vistos como parte da aprendizagem. Ela conheceu recursos práticos para representar números, mostrando suas relações de uma forma concreta com a qual pudesse se identificar para compreender. Muito aprendizado prático ocorreu dentro e fora da sala de aula. Jamila finalmente pôde começar a relaxar e até gostar de alguns aspectos da matemática. Descobriu que era especialmente boa em formas tridimensionais e geometria. Ela nunca terá grande aptidão para números, mas não tem mais medo de tentar.

Moral da história: *Torne o trabalho com números o mais prático possível para alunos com discalculia ou ansiedade matemática. Divirta-se e crie um ambiente seguro para cometer erros.*

Abordagem global

- Seja sensível, compreensivo e solidário;
- Converse com o aluno sobre o que funciona bem para ele. Esteja disposto a experimentar diferentes abordagens ou auxílio multissensorial para oferecer suporte ao trabalho com números;
- Mostre que você valoriza a inteligência do aluno e que trabalhará com ele para superar as dificuldades relativas aos números.

Estratégias de sala de aula

- Torne a sala de aula um ambiente seguro e descontraído, em que seja possível cometer erros e fazer perguntas;
- Não cause constrangimento;
- Mantenha os alunos com discalculia mais à frente da classe. Isso contribui para o engajamento e também permite que você fique de olho em seu progresso;
- Dê instruções curtas e claras;
- Dê instruções tanto orais quanto escritas;
- Torne o ensino multissensorial com exemplos e modelos práticos;

- Tenha disponíveis recursos de contagem, como retas numéricas, um ábaco ou varetas de contagem;
- Reforce quaisquer pontos-chave;
- Ofereça um exemplo na lousa de forma lenta e clara;
- Verifique regularmente se todos entenderam;
- Dê tempo aos alunos para anotarem o exemplo e explique exatamente como gostaria que fosse apresentado na página;
- Caso tenha distribuído folhas impressas, leia-as em voz alta com a turma e enfatize os pontos principais de uma operação;
- Incentive os alunos a lerem os enunciados com atenção e a prestarem atenção especial aos símbolos e aos termos importantes;
- Reserve tempo suficiente para analisar as respostas em aula;
- Se um aluno "não captou a ideia", tente separar um momento discreto para repassar a matéria com ele individualmente, talvez explicando de uma forma diferente e mais multissensorial;
- Se você quiser que toda a turma faça um cálculo rápido, podem ser usados quadros-brancos individuais que somente você pode ver ao serem apresentados pelos alunos. São divertidos e os outros alunos não saberão quem acertou e quem errou;
- Não faça perguntas repentinas sobre números a um aluno com discalculia na aula.

Linguagem matemática

- Escolha sua linguagem com cuidado. Há muitos termos para as mesmas operações matemáticas, que podem causar confusão (Figura 3.1);
- Seja coerente com seus termos;
- Procure combinar a abordagem com colegas de outras matérias; se os professores usarem termos diferentes para uma mesma operação, isso irá provocar mais confusão ao aluno.

Folhas impressas

- Não coloque muitos exemplos numa folha;
- Use uma fonte grande e simples;
- Deixe espaços em branco. Folhas muito preenchidas são intimidantes e as letras pequenas causam ansiedade;
- Torne as lições interativas menos monótonas com desenhos divertidos;
- Exponha exemplos de forma clara. Indique onde uma resposta deve ser escrita;
- Quando apropriado, indique as unidades a serem utilizadas;
- Tente usar outras cores de papel em vez do branco. Pode ficar mais nítido para alguns alunos.

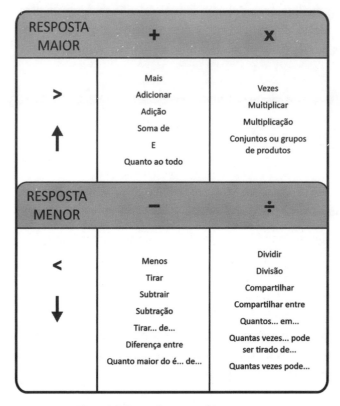

Figura 3.1 Operações matemáticas comuns

Contando

Alunos com discalculia geralmente são incapazes de estimar com rapidez números a partir de um padrão e, portanto, terão trabalho para contar. Esteja ciente de que isso levará muito mais tempo. A insegurança pode também fazê-los verificar novamente várias vezes.

Os dedos são bastante úteis para auxiliar na contagem, então tranquilize-os, assegurando-os que não há problema em usá-los. (Muitos adultos com discalculia ainda contam nos dedos por baixo da mesa devido ao constrangimento).

Maior ou menor?

À medida que os alunos com discalculia se esforçam para compreender o tamanho relativo dos números, é de grande ajuda ter retas numéricas simples disponíveis para uso (Figura 3.2).

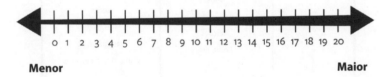

Figura 3.2 Reta numérica simples

Tabuada

Alguns indivíduos com discalculia têm muita dificuldade em aprender e lembrar a tabuada, especialmente as mais difíceis, como a do 7, do 8 ou do 9. Mesmo que seja memorizada para uma prova, é provável que o aluno a esqueça. Pode ajudar a permitir que tenham uma tabela da tabuada para consulta (Figura 3.3). Elas ficam mais destacadas se cores diferentes forem usadas para cada coluna. Alguns alunos acham mais fácil ter uma folha com a tabuada de cada número escrita separadamente.

X	1	2	3	4	5	6	7	8	9	10	11	12
1	1	2	3	4	5	6	7	8	9	10	11	12
2	2	4	6	8	10	12	14	16	18	20	22	24
3	3	6	9	12	15	18	21	24	27	30	33	36
4	4	8	12	16	20	24	28	32	36	40	44	48
5	5	10	15	20	25	30	35	40	45	50	55	60
6	6	12	18	24	30	36	42	48	54	60	66	72
7	7	14	21	28	35	42	49	56	63	70	77	84
8	8	16	24	32	40	48	56	64	72	80	88	96
9	9	18	27	36	45	54	63	72	81	90	99	108
10	10	20	30	40	50	60	70	80	90	100	110	120
11	11	22	33	44	55	66	77	88	99	110	121	132
12	12	24	36	48	60	72	84	96	108	120	132	144

Figura 3.3 Tabela da tabuada

Se a multiplicação em si não for o tema principal da sua aula, permita que usem uma calculadora e que não se preocupem muito. Esteja ciente de que, por mais que se esforcem, é pouco provável que muitos alunos memorizem e guardem a tabuada deles (a Figura 3.4 dá um exemplo de uma possível estratégia).

Apresentação

Ensine os alunos a apresentar a aritmética com clareza.

- Use papel com quadrados pautados. Experimente tamanhos diferentes;
- Use folhas grandes de papel;
- Use lições interativas com lacunas para preencher e limite a escrita necessária;
- Incentive a sublinhar os títulos;
- Trace uma linha reta com a régua após cada exemplo para separá-los. É melhor usar lápis para evitar manchas de tinta.

Método visual para aprender a tabuada do 9

Dobre o dedo do número pelo qual deseja multiplicar

Conte o restante dos dedos

Os dedos à esquerda do dedo dobrado representam as dezenas e os dedos à direita do dedo dobrado representam as unidades

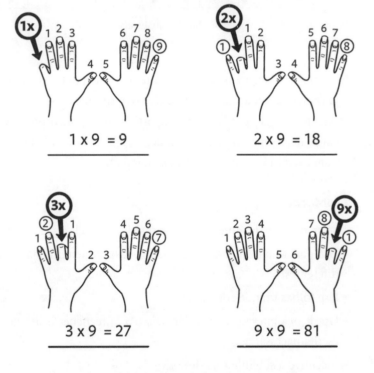

Figura 3.4 Método prático para lembrar da tabuada do 9

Ensinando fórmulas e regras

- Se for importante, forneça aos alunos uma cópia impressa;
- Use cores para reforçar a aprendizagem;
- Desenhos podem ajudar;
- Use recursos de memória como cartões, mnemônicos, música, *rap*, ritmo.

Ensino multissensorial

Tente tornar os exemplos o mais multissensoriais possível e associados a exemplos da vida real.

- Utilize materiais concretos que os alunos possam ver, tocar e com os quais se identifiquem. Às vezes, quanto mais maluco o exemplo, melhor;
- Há alguns materiais para matemática atraentes e coloridos disponíveis comercialmente, como barras coloridas Cuisenaire, Numicon e formas geométricas tridimensionais educativas;
- Recursos visuais – cartazes, modelos e descobertas práticas. Há vários fornecedores de cartazes e modelos, mas, se o tempo permitir, deixe que os alunos confeccionem os seus próprios. É divertido, reforça o ponto importante da aprendizagem e enriquece a aula com um mural atrativo;
- Use objetos do cotidiano, por exemplo:
    - Fitas métricas;
    - Réguas;
    - Cordas/fios;
    - Blocos de construção para crianças;
    - Massinha de modelar;
    - Garrafas plásticas;
    - Caixas, pacotes de cereais;
    - Miçangas coloridas;
    - Cartas/*cards*;
    - Fichas.

- Programas de computador – há bons programas interativos disponíveis.

Aqui estão apenas alguns exemplos multissensoriais cinestésicos:
- Volume pode ser demonstrado utilizando diferentes tamanhos e formatos de caixas, cilindros medidores ou jarros de cozinha com medida. Areia, grãos ou feijões secos podem ser usados para preencher o espaço e depois medir o volume. Água colorida também pode ser uma opção se os recipientes forem à prova d'água;

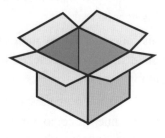

Minha turma de Biologia ficou impressionada ao ver a produção média diária de urina exibida como água amarela colorida em uma série de garrafas plásticas de bebida de 500 mL – uma forma muito mais fácil de compreender e lembrar do que uma figura em um livro!

A autora

- Relação entre área de superfície e volume: use batatas para fazer tiras de mesmo comprimento e espessura e depois corte as tiras em diferentes números de blocos. Isso mostra o mesmo volume, mas diferentes áreas de superfície. Blocos infantis também podem ser usados;
- Círculos e gráficos de pizza: faça bolas de massinha de modelar e corte-as em fatias. Alguns queijos também são circulares, com partes individuais embrulhadas. Essa forma de ilustração poderia ser ainda mais memorável trazendo um bolo para a aula!

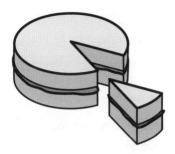

- Porcentagens – use provetas medidoras de 100cm³ (100ml e água colorida preenchida em diferentes níveis;
- Movimento, velocidade, aceleração – alguns brinquedos infantis também podem ser divertidos, como trens de madeira para demonstrar circuitos elétricos;
- Equilíbrio – utilize gangorras (da coleção de bonecas, ou use simplesmente uma régua equilibrada sobre uma borracha). Cabides de metal podem ser usados para fazer um móbile simples.

Passando a lição de casa

- Lembre-se: alunos com discalculia serão mais lentos que os seus colegas, por isso decida quais enunciados devem ser respondidos e quais devem ser abordados apenas se tiverem tempo;
- Deixe claro quanto tempo eles têm para trabalhar. Alguns alunos se esforçarão por horas. Outros desistirão e não tentarão;
- Dê instruções para a lição de casa no início da aula;
- Escreva a lição de casa na lousa ou distribua instruções impressas e as leia também em voz alta;
- Se a escola permitir, os alunos podem colocar a lição de casa no "bloco de notas" de seus telefones celulares;
- Descubra se você pode subir as lições de casa para a intranet da escola;

- Não dê muitos exemplos, pois isso pode ser intimidante;
- Diga exatamente quando e onde a lição de casa deverá ser entregue.

Correção da lição de casa

- Procure efetuar correções com frequência para ter certeza de que os alunos estão tendo um bom progresso e compreendendo;
- Seja encorajador. Se o método estiver correto, mas houver erro matemático ou números transpostos, seja positivo e apenas aponte onde está o erro. Tente dar notas ao método;
- Reconheça o progresso, e não apenas quando acertarem tudo. Adesivos ou estrelas geralmente são populares.

Apoio individual

Alunos com discalculia se beneficiarão de apoio individual de um professor especialista e de tempo extra nas provas. Uma parte principal das sessões individuais será:

- Reforçar o material da lição usando exemplos práticos e, sempre que possível, objetos físicos;
- Proporcionar prática prolongada de métodos;
- Promover autoconfiança com números;
- Desenvolver a noção de valores numéricos;
- Compreender que os números podem ser manipulados e arredondados para cima ou para baixo para facilitar o cálculo;
- Desenvolver métodos confiáveis de trabalho.

Incentive jogos de cartas e dominó para que eles possam enxergar padrões numéricos (Figura 3.5).

Padrões numéricos que somam 10

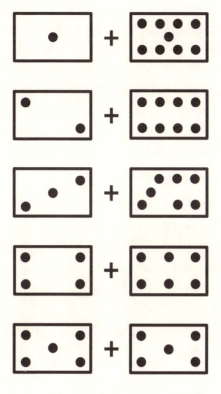

Figura 3.5 Alguns padrões numéricos simples

Jogos de computador

Há muitos jogos de números interativos disponíveis e os alunos geralmente gostam de jogá-los. Os níveis de dificuldade podem ser gradativos, não há a preocupação de os alunos serem julgados por seu desempenho e eles podem progredir.

Tecnologia assistiva

Há atualmente programas específicos de suporte de TI em matemática disponíveis para uso em aulas e provas; eles permitem converter voz para texto e vice-versa (veja a lista de recursos deste capítulo em *Referências, sites* e *organizações de apoio*).

Autoconfiança

Este é provavelmente o quesito mais importante de todos e vem gradualmente acompanhado do sucesso. Haverá uma redução notável na ansiedade se o aluno receber estratégias de enfrentamento para lembrar informações, orientações a seguir e muita prática.

Um professor acessível, divertido, descontraído e adaptável pode fazer toda a diferença.

— — Pontos-chave — — — — — — —

★ A discalculia é uma DEA reconhecida;

★ É uma dificuldade com números e aritmética;

★ Afeta cerca de 6% da população;

★ Com o apoio correto, alunos com discalculia podem aprender a compensar as suas dificuldades;

★ O ensino multissensorial e exemplos concretos do dia a dia são úteis;

★ Professores sensíveis em sala de aula podem fazer uma enorme diferença.

4
Disgrafia

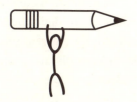

* O que é disgrafia?
* Como a disgrafia é diagnosticada?
* Como posso identificar um aluno com disgrafia?
* Pontos fortes comuns
* Indicadores comuns (aspectos negativos)
* Abordagem global
* Estratégias de sala de aula
* Suporte individual
* Pontos-chave

O que é disgrafia?

A disgrafia é uma diferença específica de aprendizagem (DEA) menos conhecida que afeta *a caligrafia e a conversão de pensamentos em palavras escritas*.

Indivíduos com disgrafia estão dentro da faixa normal de inteligência, mas têm dificuldade para colocar suas ideias no papel de forma clara e coerente. Sua escrita pode ser desorganizada ou ilegível, apesar do esforço considerável, e existe uma disparidade entre as ideias e a compreensão expressas oralmente e as apresentadas por escrito. Sua capacidade de leitura é normal. A ortografia pode ser afetada, mas nem sempre é o caso.

Acredita-se que a disgrafia afete até 10% da população em graus variados (Cleveland Clinic, 2022) e pode afetar meninos e meninas. Muitas vezes, ocorre com outras DEAs, mas nem sempre. Há uma tendência de ocorrer numa mesma família.

A Associação Americana de Psiquiatria (2013) descreve a disgrafia como "deficiência na expressão escrita" e "habilidades de escrita [que] [...] estão substancialmente abaixo das esperadas, dada a idade do indivíduo [...], inteligência medida e educação adequada à idade".

De onde vem o nome?

Dys vem da palavra grega que significa *dificuldade*. *Graphia* vem da palavra grega que significa *escrita*. Portanto, disgrafia significa *dificuldade com a caligrafia*.

Existem três formas de disgrafia e os sintomas e o tratamento eficaz podem variar dependendo da causa.

- *Disgrafia espacial*: processamento visual e compreensão do espaço ruins. Isso causa dificuldade para escrever em linhas e espaçar letras. O desenho e a colorização também serão afetados. Tanto o trabalho copiado quanto o original são desorganizados e podem ficar ilegíveis. A ortografia é normal;
- *Disgrafia motora*: controle motor fino ruim dos músculos da mão e do punho, o que torna a escrita difícil e cansativa e geralmente resulta em uma escrita desorganizada ou ilegível, mesmo durante o copiar. A ortografia não é afetada;
- *Disgrafia de processamento (às vezes chamada de disgrafia disléxica)*: dificuldade de visualizar a aparência das letras em uma palavra, o que faz com que as letras fiquem malformadas e na ordem errada quando escritas. O trabalho escrito original é ilegível, mas o trabalho copiado é melhor. A ortografia é ruim.

As pessoas podem ter uma forma de disgrafia ou uma combinação delas.

Como a disgrafia é diagnosticada?

Normalmente, o diagnóstico de disgrafia é feito por um professor especialista ou psicólogo educacional com a colaboração de um fisioterapeuta ou terapeuta ocupacional.

Como posso identificar um aluno com disgrafia?

O aluno provavelmente é bom com a palavra falada, mas entrega continuamente um trabalho que parece desorganizado e está bem abaixo da qualidade que você esperaria. Se observá-lo escrever, poderá perceber que o processo pode ser penoso e que sua postura e manuseio da caneta parecem estranhos. Os alunos com disgrafia demoram para copiar da lousa ou de um livro e podem reclamar de dores nas mãos.

Pontos fortes comuns

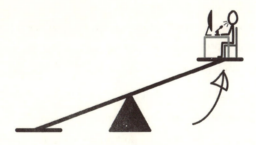

ASPECTOS POSITIVOS

- Inteligência normal ou alta;
- Não apresenta dificuldades sociais ou comportamentais;
- Em geral, não há outros problemas acadêmicos subjacentes;
- Pode ser muito bom oralmente e apresentar ideias interessantes e incomuns;
- Criativo e inovador, bom em artes visuais ou *design*;
- Habilidades com informática são frequentemente muito boas;

- Pode ter talento em música, teatro, esportes ou outras áreas do currículo que não exijam escrita.

Indicadores comuns (aspectos negativos)

ASPECTOS NEGATIVOS

Disgrafia espacial

- Pode não escrever seguindo as linhas;
- Pode não conseguir acompanhar as margens;
- Pode ter dificuldade em organizar as palavras da esquerda para a direita;
- Pode deixar espaços irregulares entre palavras e letras: podem estar muito próximos ou muito distantes;
- As letras podem ter tamanho, formato e inclinação irregulares;
- Pode ter problemas para ler mapas ou seguir instruções;
- Pode haver dificuldade em desenhar e colorir;
- Pode ter dificuldade em formular respostas aritméticas ou trabalhar com geometria.

Disgrafia motora

- A grafia pode ser muito ruim e difícil de ler;
- Pode ser muito lento na escrita, seja na escrita original ou copiando da lousa ou de um livro;
- Pode cansar-se rapidamente ao escrever;
- Pode sofrer de cãibras dolorosas ao escrever por longos períodos;

- Pode ter aderência da caneta e posição da mão anormais;
- Pode ter uma posição incomum do pulso, do corpo ou em relação ao papel;
- Pode ter dificuldades para usar instrumentos matemáticos;
- Pode ter dificuldade em desenhar gráficos;
- Outras habilidades que envolvem o controle motor fino podem ser afetadas, como a manipulação de aparelhos científicos.

Disgrafia de processamento

- O ato físico de escrever exige muita concentração, de modo que sua capacidade de processar informação ao mesmo tempo em que escreve é afetada;
- Pode ter dificuldade em lembrar como formar algumas letras;
- Algumas letras podem estar inacabadas ou invertidas;
- Pode haver uma mistura de letras minúsculas e maiúsculas na mesma linha;
- Pode haver uma mistura de letra bastão e letra cursiva na mesma linha;
- Letras ou palavras inteiras podem ser puladas, ou pode haver letras ou palavras repetidas;
- Pode apresentar ortografia e pontuação inadequadas e erráticas;
- Pode colocar a palavra errada numa frase;
- Pode ter dificuldade em organizar pensamentos de forma lógica no papel; pode perder a linha de raciocínio;
- Pode deixar passar informações importantes;
- Pode escrever frases longas e incoerentes com repetição;
- Pode ser muito lento para pensar e elaborar frases;
- Pode apresentar desempenho inferior em provas.

Outros indicadores

- Fluente ao falar, mas com linguagem afetada e ideias limitadas expressas no papel;
- Pode dizer as palavras em voz alta ao escrever.

Respostas emocionais

- Pode ficar decepcionado porque o trabalho escrito exige muito esforço e sempre terá uma aparência ruim;
- Tarefas escritas podem causar extrema frustração e estresse;
- Pode ficar atrasado academicamente, pois todo o trabalho escrito leva muito mais tempo e o aluno não consegue terminar o que é necessário no tempo previsto;
- Pode tentar evitar totalmente tarefas escritas ou escrever o mínimo possível;
- Pode ter baixa autoestima.

Abordagem global

- Mostre que você entende que escrever é difícil e que o aluno não está sendo desleixado ou preguiçoso quando o trabalho escrito parece desorganizado;
- Deixe claro que você o considera inteligente e capaz de alcançar um alto padrão acadêmico;
- Esteja ciente de que o ato de escrever requer concentração e tempo extras e que o aluno não será capaz de escrever e processar informações simultaneamente;
- Considere formas alternativas de registrar informações para evitar muita escrita à mão;
- Seja positivo e entusiasmado e procure aumentar a autoconfiança do aluno.

Estratégias de sala de aula

Uso de tecnologia

O uso de computador e teclado tem beneficiado muitos alunos com disgrafia e permite que os trabalhos fiquem apresentáveis e legíveis. Se possível, permita que os alunos usem um teclado para trabalhos mais longos e em sala de aula.

Atualmente o *software* de reconhecimento de voz é cada vez mais importante e tem demonstrado uma enorme diferença. Eliminar a necessidade do esforço para escrever permite que indivíduos com disgrafia tenham liberdade para pensar criativamente e produzir trabalhos que reflitam suas habilidades.

Esses programas podem ser usados em provas[11]. No entanto, nas aulas nem sempre é viável utilizar as TIs e por isso as sugestões seguintes podem ser úteis para os professores.

Durante as aulas

- Reduza a quantidade de trabalho escrito necessário para permitir que os alunos com disgrafia acompanhem o conteúdo acadêmico da sua matéria;
- Distribua anotações impressas para que tenham uma cópia correta e legível para aprender. Esse recurso poderia destacar os pontos-chave;
- Descubra se os alunos podem gravar parte da aula;
- Se as anotações impressas tiverem espaços para preencher à mão, certifique-se de que os espaços sejam grandes o suficiente para acomodar uma grafia maior ou efetuada de maneira errática;
- Considere aumentar o tamanho do papel e usar espaçamento duplo;
- Distribua conjuntos de enunciados breves e fechados para responder, em vez de instruções como "escreva um parágrafo";
- Papel quadriculado pode ser útil para ajudar na apresentação de cálculos matemáticos;

---

11. Cf. capítulo 13.

- Use papel com margens elevadas ou linhas para auxiliar na apresentação;
- Verifique se o aluno está acompanhando o ritmo da aula, caso haja atividade escrita;
- Incentive os alunos a esfregarem as mãos ou sacudi-las periodicamente para aliviar a tensão e melhorar o fluxo sanguíneo. Realizar pequenas flexões na posição sentada pode trazer algum alívio;
- Ofereça tempo extra para provas escritas.

Posição sentada

- Procure assegurar que o aluno se sente em uma postura ereta e com os pés no chão;
- Um apoio inclinado para escrever também pode ser útil (Figura 4.1). Isso permite que o aluno escreva com o papel posicionado em um leve ângulo. Esse tipo de recurso está disponível comercialmente. Um kit de postura também pode ser benéfico. Trata-se de uma almofada em forma de cunha que ajuda a manter uma boa postura sentada para ajudar na escrita;

Figura 4.1 Posição usando um apoio inclinado para escrever

- Certifique-se de que ele não esteja muito próximo de outros alunos, pois pode precisar de espaço para os cotovelos;
- Se o aluno se sentar perto da frente, você poderá acompanhar seu progresso.

Lição de casa

- Tente ser criativo e flexível;
- Alunos com disgrafia escrevem mais lentamente do que os outros se estiverem redigindo à mão, de modo que não serão capazes de produzir a mesma quantidade de lição de casa num determinado período;
- Permita o uso de papel com espaçamento maior entre linhas ou linhas em relevo;
- Permita o uso de tecnologia, se for viável – seja um processador de texto ou *software* de conversão de voz para texto;
- Existe outra forma de os alunos apresentarem seus trabalhos?

Para observações sobre como organizar pensamentos no papel para redações e projetos, consulte o capítulo 12.

Correção da lição de casa

- Corrija o trabalho escrito privilegiando o conteúdo, e não a aparência;
- Procure ser encorajador e faça sugestões construtivas;
- Reconheça o esforço e a melhoria.

Provas[12]

- Formas alternativas de prova, como testes orais, questões de múltipla escolha ou uma breve apresentação, podem ser alternativas aos modelos convencionais;
- Providências especiais podem ser adotadas para exames públicos. Certifique-se de estar ciente disso. Os alunos podem se qualificar para tempo extra ou usar um processador de texto ou *software* de conversão de voz para texto. Se for esse o caso, precisarão praticar isso em provas na escola.

---

12. Cf. capítulo 13.

Apoio individual

Os alunos podem se beneficiar de apoio individual e aconselhamento de um *terapeuta ocupacional* ou *professor especialista em apoio à aprendizagem*. Eles podem oferecer sugestões úteis e práticas e apresentar ao aluno uma variedade de produtos e estratégias.

Papel especial para alunos com disgrafia está disponível comercialmente tanto para redação quanto para matemática.

Exercícios

- Exercícios manuais podem melhorar o controle motor fino;
- Exercícios de aquecimento para escrita podem ser úteis. Esfregar as mãos ou sacudi-las também pode aliviar a tensão muscular;
- Instrução extra e prática de escrita – alguns indivíduos com disgrafia conseguem desenvolver um belo estilo de escrita cursiva que podem usar, caso necessário. É preciso muita energia e concentração para ter uma bela grafia e é muito lento, então não seria o método escolhido, mas às vezes é útil;
- Empunhadura da caneta – muitas vezes, pessoas com disgrafia seguram incorretamente ou com muita força a caneta. Pode ser necessário treinamento para uma adaptação a uma empunhadura mais convencional, como a empunhadura de tripé mostrada na Figura 4.2;

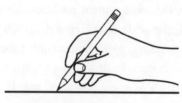

Figura 4.2 Empunhadura de tripé

- Canetas com formato especial ou *grips* de borracha para lápis (Figura 4.3) estão disponíveis e alguns alunos as consideram úteis[13].

Figura 4.3 Grip de borracha para lápis

Visão

É importante verificar a presença de problemas de rastreamento visual, pois pode ser que os olhos do aluno não estejam funcionando corretamente. Um optometrista comportamental especialista aconselharia e poderia sugerir alguma forma de terapia visual.

— — Pontos-chave — — — — — —

* A disgrafia é uma DEA reconhecida;
* É uma dificuldade com o ato físico de escrever à mão e a organização dos pensamentos no papel;
* Os alunos têm QI e capacidade de leitura entre normais e acima da média. A ortografia pode ser afetada, mas nem sempre é esse o caso;
* O diagnóstico precoce e a terapia da escrita podem ajudar muito, mas a dificuldade não será "curada";
* Os professores devem ser compreensivos e avaliar o conteúdo, e não a aparência;
* Os alunos necessitarão de mais tempo para trabalhos manuscritos;
* O uso da tecnologia transformará a qualidade do trabalho produzido.

---

13. Cf. a lista de recursos deste capítulo em *Referências, sites* e *organizações de apoio.*

5
Dispraxia/Transtorno do desenvolvimento da coordenação (TDC)

* O que é dispraxia/TDC?
* Como a dispraxia/TDC é diagnosticada?
* Como posso identificar um aluno com dispraxia?
* Pontos fortes comuns
* Indicadores comuns (aspectos negativos)
* Abordagem global
* Estratégias de sala de aula
* Fora da sala de aula
* Suporte individual
* Pontos-chave

O que é dispraxia/TDC?

Indivíduos com dispraxia/TDC têm *dificuldade de coordenação muscular e movimento*. Os músculos em si são normais, mas a dispraxia resulta de uma diferença na "conexão cerebral" (neurobiológica). As habilidades motoras finas, que controlam movimentos precisos, especialmente das mãos, ou as habilidades motoras grossas, que controlam os movimentos de todo o corpo, podem ser afetadas, assim como a fala.

As *habilidades de função executiva* também podem ser afetadas pela dispraxia, o que resulta em dificuldades de organização, memória de curto prazo, planejamento e interação social.

Dificuldades de coordenação motora + dificuldades de organização = dispraxia.

A dispraxia ocorre em uma escala de leve a grave e não afeta a inteligência global.

A causa da dispraxia é desconhecida e pode haver vários fatores contribuintes. Em alguns casos, há evidências de que pode ocorrer numa mesma família. Estima-se que até 5% das crianças no Reino Unido podem ter algum grau de dispraxia. Ocorre em meninos e meninas, embora atualmente um maior número de meninos seja diagnosticado em idade escolar (Dyspraxia Foundation, 2015).

De onde vem o nome?

Dys vem da palavra grega que significa *dificuldade*. *Praxia*, da palavra grega que significa *fazer*. Portanto, dispraxia significa *dificuldade em fazer*.

Transtorno do desenvolvimento da coordenação (TDC) é outro termo para a dispraxia, e as duas designações são frequentemente usadas de forma intercambiável. A palavra "desenvolvimento" significa que o indivíduo nasce com essa diferença e ela não ocorre como resultado de lesão ou doença, por isso é diferente de problemas de coordenação causados por condições como acidente vascular cerebral ou paralisia cerebral. TDC é, portanto, a designação de preferência usada clinicamente. Mas o termo mais habitualmente utilizado nas escolas é dispraxia; por isso, para simplificar, esse termo será empregado ao longo deste capítulo.

Como a dispraxia é diagnosticada?

A dispraxia é um diagnóstico médico geralmente feito por um pediatra, neurologista ou clínico geral. É importante ter o diagnóstico correto, pois algumas das dificuldades de coordenação observadas na dispraxia também podem ocorrer em outras condições médicas. Uma vez identificada, o suporte correto pode ser implementado muitas vezes envolvendo fisioterapia, terapia ocupacional ou, em alguns casos, terapia da fala.

Como posso identificar um aluno com dispraxia?

Procure pelo aluno que chega à aula afobado e um pouco atrasado. Eles podem derrubar coisas, perder ou esquecer materiais, ficar inquietos ou cair. Podem contribuir bem com as aulas, mas o seu trabalho escrito é descuidado e desorganizado e não parece fazer justiça à sua capacidade. Podem apresentar dificuldades nas aulas de educação física.

Pontos fortes comuns

ASPECTOS POSITIVOS

- Pensador lateral, "fora da caixa";
- Criativo; pode brilhar no *design*, no uso de cores e texturas, na fotografia;
- Capaz de recordar em detalhes eventos há muito ocorridos;
- Pode ter um interesse especial em determinados temas e muito conhecimento sobre eles;

- Imaginativo; bom em redação, histórias, peças ou poemas;
- Bom em literatura ou poesia;
- As competências em tecnologia da informação e comunicação (TIC) podem ser muito boas;
- Determinado;
- Bom oralmente e pode ser excelente em debater, contar histórias ou atuar;
- Bom com crianças pequenas ou animais;
- Franco.

Uma visão de dentro

Estar diagonalmente em um universo paralelo significa que temos uma visão fenomenal e incomum da vida. Vemos coisas que outros não conseguem e por isso sinto que temos muita sorte de termos dispraxia.

Do livro de Victoria Biggs (2014), Caged in chaos: A dyspraxic guide to breaking free, *uma autobiografia engraçada, mas comovente, que descreve o período que passou em um internato britâ.*

Indicadores comuns (aspectos negativos)

ASPECTOS NEGATIVOS

Alunos com dispraxia apresentarão alguns dos indicadores listados, mas não todos. Lembre-se de que alguns alunos também podem ter outras diferenças específicas de aprendizagem.

Habilidades motoras grossas

- Pode ter má coordenação; pode parecer desajeitado;
- Propenso a tropeçar, derramar ou deixar cair coisas;
- Pode ficar inquieto na aula;
- A consciência espacial pode ser ruim, propenso a esbarrar em pessoas ou objetos;
- Pode ter dificuldades com esportes devido a problemas de coordenação, incluindo pegar uma bola, equilibrar-se, fazer ginástica, andar de bicicleta;
- Pode ter uma aparência desarrumada e desleixada.

Habilidades motoras finas

- Pode ter uma caligrafia ruim e habilidades de desenho imaturas. (Veja também disgrafia motora no capítulo 4);
- Pode ter dificuldade em utilizar instrumentos em matérias como geometria, ciências, culinária e educação tecnológica;
- Pode demorar para se vestir – problemas com botões, nós e cadarços.

Habilidades organizacionais[14]

Pode ter dificuldade com o seguinte:
- Seguir o quadro de horários;
- Administrar o tempo – muitas vezes, chega atrasado e afobado;
- Alocar tempo para tarefas;
- Senso de direção e encontrar o caminho para os lugares;
- Manter em ordem fichários, livros e materiais;
- Trazer o material correto para as aulas;
- Manter organizadas as anotações.

---

14. Cf. capítulo 12.

Memória de curto prazo

Pode ter dificuldade com o seguinte:

- Lembrar um conjunto de instruções ou uma rotina;
- Recordar nomes de pessoas e lugares;
- Lembrar senhas, números de telefone ou onde as aulas acontecem;
- Lembrar-se de fazer a lição de casa ou entregá-la;
- Guardar números enquanto resolve problemas de matemática, por isso pode ter dificuldades com a aritmética mental;
- Memorizar a tabuada;
- Revisar rapidamente – leva mais tempo para aprender porque as informações devem ser armazenadas na memória de longo prazo;
- Reter informações – deve reaprender o material regularmente.

Provas[15]

- A caligrafia pode ser ruim e pode se deteriorar durante a prova devido à fadiga e à pressão do tempo;
- O trabalho escrito pode incluir rasuras frequentes;
- As respostas das dissertações podem ser desorganizadas, pois os pensamentos são desarticulados;
- Provas com tempo definido – pode demorar muito em um enunciado ou tentar o número errado de enunciados;
- Interpretação de enunciados – pode interpretá-los muito literalmente ou não fornecer detalhes suficientes nas respostas;
- As respostas são muitas vezes mais curtas do que o esperado. Isso pode se dever tanto ao fato de o ato de escrever ser cansativo quanto ao fato de as inferências sutis do enunciado não serem captadas.

---

15. Cf. capítulo 13.

Percepção sensorial

Alunos com dispraxia podem apresentar sensibilidade excessiva (hipersensíveis) a alguns estímulos recebidos (luz, som, tato, cheiro, paladar) ou podem ter pouca sensibilidade (hipossensíveis). Isso pode afetar seu comportamento, a vida escolar e sua capacidade de concentração[16].

Social e emocional

- Pode ser menos maduro emocionalmente do que os colegas da turma;
- Pode demonstrar baixas habilidades interpessoais;
- Pode ter dificuldade em ler a linguagem corporal;
- Pode não ser capaz de captar facilmente informações implícitas;
- Pode interpretar a linguagem literalmente;
- Pode desconhecer as normas de distanciamento pessoal; pode ficar muito perto ou longe demais dos outros;
- Pode não "se misturar" com os outros;
- Pode desejar ter amigos, mas não sabe como se relacionar socialmente em um nível leve;
- Pode achar cansativo se socializar; pode querer passar algum tempo sozinho;
- Pode se isolar e tornar-se "solitário". Isso é potencializado por uma baixa habilidade nos esportes coletivos, que tentará evitar;
- Pode interromper conversas;
- Alguns alunos buscarão por formas de compensação mergulhando em jogos de computador ou livros para evitar contato social e possível rejeição.

Emilie estava sempre acompanhada de um livro, mesmo no horário das refeições. Achava a companhia de personagens fictícios muito menos cansativa do que tentar conversar com outros alunos.

A autora.

---

16. Cf. capítulo 9 sobre transtorno de processamento sensorial.

Depressão

Trata-se de um problema comum para alunos com dispraxia. Pode resultar de:

- Sentir-se desajeitado e esquisito;
- Constrangimento e dor física quando ocorrem acidentes;
- Não ser capaz de se destacar nos esportes da escola;
- Trabalhos escritos que parecem desorganizados e recebem *feedback* negativo dos professores;
- Sentir-se desvalorizado em termos de intelecto ou potencial;
- Baixa autoestima;
- Questões de amizade; pode ser provocado ou sofrer *bullying*;
- Isolamento social.

Cansaço

É necessário muito esforço extra para realizar ações físicas, lembrar coisas e lidar com relações sociais. O resultado é que os alunos com dispraxia muitas vezes ficam extremamente cansados ao enfrentarem a rotina escolar. Eles realmente valorizam algum tempo em paz, se possível.

UMA VISÃO DE DENTRO

Imagine andar de bicicleta com o guidão frouxo. Para guiá-la, você precisaria corrigir constantemente a direção, pois cada solavanco desvia a roda dianteira da rota. Você nunca poderia relaxar e seria muito extenuante. É assim que é a dispraxia para mim. Ações simples às vezes exigem uma quantidade excessiva de concentração e é difícil não sentir um certo grau de inadequação quando outros podem realizar essas tarefas com tanta facilidade.

John, aluno com dispraxia.

Abordagem global

- Alunos com dispraxia dizem muitas vezes que se sentem "desajeitados e estúpidos", por isso mostre que você compreende a dispraxia;
- Deixe claro que você valoriza o intelecto e as contribuições deles para a aula e que espera que tenham um bom desempenho;
- Trabalhe com eles e discuta quais técnicas os ajudam a aprender melhor. Esteja aberto às ideias dos alunos. Eles são especialistas em lidar com a dispraxia e podem ajudá-lo a encontrar estratégias eficazes.

Estratégias de sala de aula
Dificuldades motoras

- Antecipe possíveis acidentes: certifique-se de que os alunos estejam cientes dos degraus ou outros obstáculos próximos à sua sala de aula;
- Mantenha o chão da sala de aula desobstruído – mochilas, livros ou casacos no chão representam risco de tropeços. Será necessário cuidado especial com matérias práticas;
- Se você ministrar uma matéria prática, acidentes acontecerão! Experimente substituir recipientes de vidro por plástico e repasse cuidadosamente as regras de segurança com a turma. Caso algo seja quebrado ou derramado, mantenha a calma e fique atento ao procedimento a seguir. Mantenha os alunos o mais seguros possível;
- Assentos – os assentos da sua sala de aula possuem um bom equilíbrio? Os laboratórios de ciências costumam ser um caso sério, pois espera-se que os alunos se equilibrem em bancos altos. Existe alguma alternativa? O ideal é que o aluno se sente com as costas eretas e os pés bem apoiados no chão (Figura 5.1);
- Um apoio inclinado para escrever ou uma almofada em forma de cunha também pode ajudar[17].

---

17. Cf. capítulo 4 e Figura 4.1.

ESTUDO DE CASO: DISPRAXIA

Quando era adolescente, o pior momento da semana para Francis era a aula de química. Ele era desajeitado e ficava atormentado com a ideia de derrubar materiais, derramar líquidos, quebrar aparelhos e esbarrar em outras pessoas, e em uma ocasião embaraçosa até caiu do banco em que tinha que se empoleirar durante toda a aula. O professor não achou graça e pensou que ele estava só brincando na aula. Ele não gostava da sensação do material dos jalecos escolares compartilhados. Ninguém queria trabalhar com ele.

Depois que sua dispraxia e TPS foram diagnosticados, as coisas começaram a melhorar. Ele foi autorizado a sentar-se na extremidade de uma fileira, reduzindo a chance de acidentes, e o chão tornou-se uma zona livre de mochilas, diminuindo a ocorrência de tropeços. Com o tempo, seu banco foi substituído por uma cadeira mais estável. Materiais de plástico colocados em uma bandeja diminuíam a probabilidade de derramamentos e ele geralmente trabalhava com um parceiro hábil e que registrava os resultados para ambos. Ele foi autorizado a usar TI para trabalhos escritos e gráficos, então seu trabalho redigido melhorou muito.

Sua inteligência natural e capacidade de compreender conceitos e estruturas tridimensionais fizeram com que hoje apreciasse muito bioquímica na universidade. Ele tem seu próprio jaleco feito de um material que lhe é agradável e espera um dia ganhar o Prêmio Nobel!

Moral da história: *Permita que o aluno supere as barreiras físicas da aprendizagem e ele muitas vezes prosperará.*

Figura 5.1 Posição ideal de sentar

- Deixe os alunos com dispraxia sentarem-se perto da frente. Isso significa que eles podem ver a lousa claramente e você pode observar seu progresso. Eles podem se sentir mais envolvidos na aula e têm menos probabilidade de se distrair. Também ficam melhor instalados na extremidade de uma fileira do que no meio.

- Inquietação – se estiverem muitos agitados, pode ser para manter o equilíbrio e obter *feedback* muscular. Procure não ficar irritado. Eles podem se beneficiar ao se movimentar periodicamente pela sala.

- Algo para ocupar as mãos – uma bola antiestresse ou equivalente pode ser útil e muitas vezes ajuda na concentração. Também pode impedi-los de ficar batendo com o lápis, o que irrita a todos.

- Utilização de material – dificuldades de controle motor fino podem atrapalhar a utilização de instrumentos que exijam destreza. Tente antecipar os problemas e evitar constrangimentos. Material especial pode ser fornecido se o orçamento escolar permitir. Tesouras maiores ou do tipo Easi-Grip, recipientes mais estáveis ou instrumentos geométricos adaptados podem facilitar a vida.

UMA VISÃO DE DENTRO

Quando você está sentada em um banco alto sem espaldar ou braços, pode ficar tão ocupada tentando manter o equilíbrio que não consegue ouvir o professor.

Victoria Biggs (2014), de seu livro Caged in chaos:
A dyspraxic guide to breaking free.

Passando anotações

Como a coordenação manual é afetada pela dispraxia, a escrita é difícil e cansativa, por isso há uma sobreposição com a disgrafia[18]. Anotar fisicamente pode ser exaustivo e o resultado pode ser impreciso e ilegível.

- Reduza ao máximo a quantidade de caligrafia necessária. Distribua anotações impressas, possivelmente com lacunas para preencher, para que o aluno possa acompanhar a lição e permanecer envolvido;
- Lembre-se: o aluno fica concentrado em sua caligrafia, portanto não é capaz de processar ou lembrar o conteúdo.

Redação e apresentação[19]

- Canetas e lápis com diferentes empunhaduras, réguas antiderrapantes e outros instrumentos matemáticos adaptados podem ser adquiridos;
- Usar papel grande ou quadrado pode ajudar na apresentação;
- Verifique regularmente a precisão no trabalho escrito do aluno;
- Os alunos devem continuar a praticar a caligrafia e as habilidades motoras finas, mesmo que seja difícil.

---

18. Cf. capítulo 4.
19. Cf. capítulo 4.

Uso de computadores e tecnologia assistiva

A qualidade do trabalho produzido com a tecnologia reflete muito melhor a capacidade do aluno. Indivíduos com dispraxia devem ser estimulados a praticar seus conhecimentos de informática sempre que possível.

- Usar um teclado ou *software* de conversão de voz para texto elimina a dificuldade física de escrever. Os alunos podem então se concentrar no conteúdo do que estão dizendo e no fluxo de pensamentos. Muitas vezes, o resultado é muito mais maduro e perspicaz;
- Os parágrafos também podem ser deslocados para o meio eletrônico e isso ajuda na organização da redação;
- O trabalho pode ser ilustrado com gráficos e diagramas;
- É possível que os alunos gravem em áudio as anotações da aula e depois as convertam em notas escritas usando *software* de conversão de voz para texto?

Ensino multissensorial[20]

- Tente reforçar suas lições de uma forma multissensorial. Inclua informações visuais, auditivas e cinestésicas e diversifique as atividades;
- As aulas ficam mais memoráveis se houver participação ativa;
- Reduzir o tempo gasto com a escrita permite que os alunos participem mais plenamente.

Trabalhando com os outros

Trabalhar em duplas geralmente funciona melhor se você escolher pares com habilidades complementares. Eles podem dividir as tarefas, mas certifique-se de que ambos os alunos estejam ativamente envolvidos.

---

20. Cf. capítulo 2.

Trabalhos em grupo podem representar um desafio para alunos com dispraxia, mas podem funcionar bem com um pouco de "direção de cena". Você deve escolher os grupos de modo a equilibrar talentos e personalidades. Isso também elimina qualquer constrangimento por não ter sido escolhido pelos colegas. Atribua diferentes papéis dentro dos grupos e fique atento para atitudes maldosas ou *bullying*. Remaneje os grupos com a mudança de aula.

Às vezes, os alunos com dispraxia têm ideias próprias, muito criativas e diferentes, e aproveitam a oportunidade de trabalhar sozinhos e seguir seus próprios interesses. Acredito que isso seja bom de vez em quando, mas que não deva constituir a norma, e também é melhor se outros alunos quiserem trabalhar individualmente.

Habilidades organizacionais

A desorganização é uma constante quando se tem dispraxia e pode afetar seriamente o progresso escolar. As estratégias para compensar e encontrar mecanismos de enfrentamento são abordadas no capítulo 12.

Lição de casa

- Passe-a no início da aula;
- Exponha com clareza – é melhor dar tanto instruções escritas como faladas;
- Os alunos poderiam anotar a lição de casa por gravação de voz no celular?
- A escola possui um sistema de intranet em que são disponibilizadas as lições de casa?
- Se os alunos anotaram à mão a lição de casa, verifique se está correto;
- Dê instruções claras, incluindo o tempo que você espera que levem para fazer a lição de casa, quando ela deverá ser concluída, onde deverá ser entregue e se poderá ser feita em um computador;

- Mostre claramente como você gostaria que um trabalho fosse apresentado. Instruções como "sublinhar com uma régua", "esse diagrama deve preencher meia página", "desenhar uma caixa pautada a lápis em torno de uma tabela" são úteis;
- Considere fornecer uma versão maior de uma folha de enunciados, especialmente se ela tiver lacunas para preencher ou espaço para trabalhar. Não fique tentado a distribuir folhas de enunciados de tamanho reduzido para economizar papel;
- Defina lições de casa diferenciadas e mais criativas de tempos em tempos.

Correção da lição de casa

- Marque o conteúdo, e não a apresentação;
- Seja encorajador, reconheça e elogie o progresso e o esforço;
- Tente fazer um comentário útil e construtivo para o aluno pensar na próxima vez;
- Decida o que é importante corrigir dessa vez.

Alunos com dispraxia valorizam seu apoio. Tente ser coerente, acessível e aberto a ideias. Comemore os sucessos quando ocorrerem e você já terá realizado um belo avanço para fazer uma grande diferença.

Fora da sala de aula

Haverá muitas outras dificuldades enfrentadas pelos alunos com dispraxia na escola. É útil estar ciente delas, mesmo que não sejam diretamente relevantes à sua disciplina.

Aulas de educação física

Podem representar um pesadelo para alunos com dispraxia por vários motivos.

Trocar de roupa leva muito mais tempo e pode ser estressante, especialmente se o vestiário estiver lotado: encontrar kits em bolsas ou armários, abrir armários com chaves ou senhas, manusear botões e cadarços com pressão de tempo e falta de destreza pode ser muito difícil e causar ansiedade.

Estratégias para as aulas de educação física:

- Permita que o aluno chegue um pouco mais cedo para se trocar no início e no fim da aula:
    - O vestiário não fica lotado, diminuindo a chance de perder o kit;
    - Reduz o estresse geral;
    - É menos provável que os alunos se atrasem para a aula seguinte.
- Os pais poderiam ser encorajados a fornecer roupas que sejam mais fáceis de vestir, tais como aquelas com velcro nos sapatos ou camisas em vez de cadarços ou botões;
- Todo kit deve ser marcado com clareza, de preferência em letras grandes e visíveis ou com código de cores para que possa ser identificado rapidamente;
- Um kit a mais pode estar disponível para empréstimo.

Esportes de equipe costumam ser genuinamente difíceis, especialmente se envolverem o ato de arremessar e pegar uma bola:

- O aluno terá consciência de que pode decepcionar os outros;
- É provável que sejam os últimos a serem escolhidos pelos colegas, por isso procure evitar tal situação.

Estratégias para esportes de equipe:

- Os professores escolhem as equipes para equilibrar as habilidades;
- Oferecer aulas individuais de habilidades com bola, ministradas por um professor ou um fisioterapeuta;
- Os alunos recebem um papel – podem gostar de fazer parte da equipe em outra função: marcando a pontuação, atuando como árbitro, cronometrando ou fotografando a partida?

Ter uma função oficial confere um papel esportivo genuíno e eles podem participar dos jogos como um membro valioso da equipe.

À medida que o aluno fica mais velho, ele pode desejar praticar outros esportes e atividades mais adequados às suas habilidades. Natação, dança, corrida, artes marciais, pilates e caiaque têm sido recomendados. Essas atividades esportivas ajudarão a desenvolver força, melhorar a coordenação e aumentar a autoconfiança.

Tenho boas lembranças de levar um grupo de alunos para uma aula semanal de vela. No grupo, havia Olivia, que era uma garota extrovertida com dispraxia, e sua melhor amiga Annie, que era uma excelente velejadora e mais séria. A habilidade de Annie e o entusiasmo e pendor para levantar o ânimo de Olivia faziam delas uma grande parceria. Todos se divertiram, mas tivemos que conceder quinze minutos extras no fim para Olivia tirar sua roupa de neoprene!

A autora

Almoço e intervalo do recreio

Os horários de refeição proporcionam um tempo livre e muitas vezes não são supervisionados. Podem representar uma fonte de angústia e estresse para alunos com dispraxia, pois podem ocorrer provocações e *bullying*.

- Filas no refeitório – podem ser movimentadas e apinhadas, e carregar bandejas de comida pode ser muito perigoso para alunos com dispraxia;
- Um colega poderia carregar a bandeja para eles? Nada é mais constrangedor em um refeitório lotado do que deixar cair uma bandeja cheia de comida!
- Eles podem ir para o refeitório um pouco mais cedo, acompanhados de um amigo? Ou comer em um local mais reservado?
- Eles podem realizar as refeições mais devagar e de maneira mais bagunçada do que seus colegas. Se não tiverem vergonha

de usar guardanapo, isso pode evitar que fiquem com uma camisa com manchas de comida durante as aulas seguintes;
- Embalar o almoço é uma opção?
- Intervalo do almoço – participar de clubes ou agremiações é uma forma de "fugir" do tempo livre e de seguir um *hobby* e ter um papel dentro da escola.

UMA VISÃO DE DENTRO

No ensino médio meu filho sempre se refugiava na biblioteca na hora do almoço.

Mãe de um menino com dispraxia.

Inclusão social

Situações sociais podem ser desafiadoras para alunos com dispraxia e eles podem ficar isolados e deprimidos. Assegure-lhes que há muitas opções e funções valiosas para preencherem.
- Incentive-os a frequentar clubes e atividades dentro da escola. É muito mais fácil fazer amigos por meio de um interesse comum;
- Poderiam ser fotógrafos ou repórteres do jornal escolar?
- As peças teatrais ou musicais escolares oferecem uma variedade de papéis, seja no palco ou nos bastidores. Fazer parte de uma produção dá uma sensação de unidade e de um propósito comum e cria uma rede social;
- O envolvimento em trabalhos de caridade, seja de angariação de fundos ou de ação comunitária, pode ser divertido;
- Poderiam ajudar com atividades para crianças mais novas?

Apoio individual

Um *mentor adulto designado*, que atende o aluno individual e regularmente, pode fazer uma grande diferença. O mentor pode oferecer apoio ao aluno, lidar com as dificuldades à medida que surgem e ajudar a aumentar a sua autoconfiança, elogiando suas realizações e progressos. Muitas vezes, um mentor pode atuar como um "intermediário", transmitindo as preocupações do aluno aos professores da turma e vice-versa.

Um *professor especialista em apoio à aprendizagem* fornece suporte acadêmico personalizado para o aluno e aconselhamento para os professores. Ele também pode trabalhar as habilidades motoras finas e a caligrafia e ajudar na organização.

Um *fisioterapeuta* pode trabalhar regularmente com o aluno para auxiliar na coordenação.

O *departamento de esportes* pode organizar sessões extras para praticar habilidades de coordenação.

Habilidades sociais

Um mentor também pode ser útil para reforçar os tópicos abordados nas aulas que envolvem educação pessoal, social e saúde, e para falar sobre áreas que podem causar dificuldade ou constrangimento:

- Como desenvolver uma conversa;
- Como interpretar a linguagem corporal;
- Inferência e significado implícito;
- Higiene pessoal;
- Espaço pessoal.

Habilidades organizacionais e administração do tempo[21]

Os alunos podem precisar de ajuda para encontrar estratégias para organização que funcionem melhor para eles. Eles precisarão de apoio contínuo durante toda educação escolar, incluindo a sexta série.

Auxílio com habilidades de administração do tempo, como definir prioridades de trabalho e cumprimento de prazos, será importante.

---

21. Cf. capítulo 12.

Provas[22]

Alunos com dispraxia podem se qualificar para regimes especiais em exames públicos. Isso pode incluir tempo extra, uso de um processador de texto, *software* de conversão de voz para texto ou ter um escriba para escrever para eles.

O coordenador de necessidades educacionais especiais da escola e o responsável pela aplicação do exame devem garantir que as medidas necessárias estejam em vigor.

Pontos-chave

* A dispraxia é uma DEA reconhecida;
* Causa dificuldades de movimento e coordenação;
* A memória de curto prazo, a organização e a interação social também podem ser afetadas;
* A dispraxia afeta cerca de 5% da população e costuma ser diagnosticada precocemente nos meninos;
* Alunos com dispraxia têm muitos talentos e competências, mas podem se isolar socialmente;
* As amizades se dão mais facilmente se houver um interesse comum;
* Os alunos se beneficiam do uso de um computador ou *software* de reconhecimento de voz para trabalhos escritos;
* Professores solidários podem fazer uma grande diferença.

---

22. Cf. capítulo 13.

6
Transtorno do déficit de atenção com hiperatividade (TDAH)

* O que é TDAH?
* Como o TDAH é diagnosticado?
* Como o TDAH é tratado?
* Como posso identificar um aluno com TDAH?
* Pontos fortes comuns
* Indicadores comuns (aspectos negativos)
* Abordagem global
* Estratégias de sala de aula
* Abordagem para toda a escola
* Fora da sala de aula
* Suporte individual
* Pontos-chave

O que é TDAH?

Indivíduos com TDAH geralmente apresentam três indicadores comportamentais:
- Desatenção;
- Hiperatividade;
- Impulsividade.

O TDAH é um distúrbio na química cerebral (neurobiológico). Não pode ser curado, mas pode responder à medicação, à terapia comportamental e a mudanças no estilo de vida. Acredita-se que afete até 5% das crianças e jovens e seja o distúrbio comportamental mais comum no Reino Unido (NHS Choices, s.d.). A gravidade varia de leve a severa.

O TDAH geralmente ocorre numa mesma família, sugerindo que há uma ligação genética, mas também pode ser influenciado por fatores ambientais e estilo de vida. Não afeta a inteligência global do indivíduo, embora possa prejudicar o seu progresso, a menos que seja cuidadosamente controlado.

Muitas pessoas com TDAH também sofrem de outras diferenças de aprendizagem, como dislexia ou transtorno do espectro autista (TEA). Elas também podem apresentar problemas adicionais, como insônia e ansiedade.

De onde vem o nome?

A Associação Americana de Psiquiatria (APA, 2013) adotou a denominação "transtorno do déficit de atenção com hiperatividade" (TDAH) em 1994 em seu *Manual Diagnóstico e Estatístico de Transtornos Mentais* (DSM).

Definição

O TDAH é "um padrão persistente de desatenção e/ou hiperatividade-impulsividade que interfere no desenvolvimento, manifesta sintomas em dois ou mais ambientes (por exemplo, em casa e na escola) e tem impacto negativo direto no funcionamento social, acadêmico ou ocupacional" (Associação Americana de Psiquiatria [APA], 2013).

Existem três tipos de TDAH com diferentes sintomas:
- TDAH predominantemente desatento – diagnosticado com mais frequência em meninas;
- TDAH predominantemente hiperativo/impulsivo;

- TDAH combinado (mais comum) – desatento e hiperativo/impulsivo, diagnosticado mais frequentemente em meninos.

O antigo termo "transtorno do déficit de atenção" (TDA) foi substituído por TDAH predominantemente desatento.

QUÍMICA CEREBRAL E TDAH

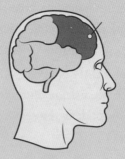

A região da frente do cérebro (lobo frontal) controla nosso comportamento racional e lógico. Permite-nos pensar antes de agir e aprender com a experiência. Também nos possibilita inibir certas respostas emocionais, modificar nosso comportamento e evitar que corramos riscos imprudentes. É nos lobos que também reside nossa personalidade, a definição de metas, o planejamento e nos faz ser quem somos. As células cerebrais se comunicam por meio de substâncias químicas chamadas neurotransmissores. Foi demonstrado que pessoas com TDAH têm menos atividade de neurotransmissores do que o normal na região do lobo frontal. Como resultado, o indivíduo fica mais propenso a assumir riscos, ser espontâneo e ter falta de concentração.

Como o TDAH é diagnosticado?

O TDAH em crianças e adolescentes é um diagnóstico médico. É realizado por um *pediatra especialista* ou *psiquiatra infantil*. Isso seguiria o encaminhamento de um clínico geral. A gama de indicadores deve estar presente há pelo menos seis meses e ter impacto negativo na vida cotidiana em dois ambientes, geralmente em casa e na escola. Os sintomas devem estar presentes antes dos doze anos de idade e é improvável que sejam explicados por outros fatores, como transtorno mental, ansiedade, alterações de humor ou por outro tratamento médico ou mudanças no ambiente doméstico.

No Reino Unido, o diagnóstico envolve frequentemente os Serviços de Saúde Mental para Crianças e Adolescentes (CAMHS); esses serviços oferecem apoio a jovens com problemas de saúde mental ou dificuldades com sentimentos ou experiências.

Obter um diagnóstico é um processo demorado e as escolas devem fazer ajustes para dar auxílio aos alunos se houver suspeita de TDAH, e nem sempre aguardar por um diagnóstico final.

Como o TDAH é tratado?

O TDAH é uma condição médica e, portanto, o clínico geral ou pediatra da criança deve acompanhar o tratamento do aluno. Aqui, mencionarei resumidamente as tendências atuais no tratamento.

- *Gerenciar o ambiente do aluno* e reconhecer pontos de estresse e gatilhos que levam a colapsos (*meltdowns*). Isso pode ser feito em colaboração entre casa e escola;
- *Controlar a dieta e reduzir a ingestão de açúcar* demonstrou auxiliar a manter as crianças mais calmas em alguns casos, mas as evidências não são conclusivas. Corantes e aditivos alimentares também podem desempenhar um papel;
- *Técnicas de relaxamento* podem ajudar;
- *A terapia cognitivo-comportamental* (TCC) também demonstrou ser útil, pois ensina o aluno a reconhecer os sintomas e a administrar seu comportamento;

- *Medicação (neuroestimulantes)* é às vezes usada, pois pode melhorar a concentração, aumentando a atividade cerebral na área do lobo frontal. Isso produz um comportamento mais calmo e maior foco, permitindo ao aluno se concentrar e aprender.

Como posso identificar um aluno com TDAH?

É mais fácil identificar alunos que apresentam hiperatividade e impulsividade. Provavelmente, são eles que não conseguem ficar parados, que gritam durante a aula e exigem constantemente sua atenção. Podem ser inteligentes, brilhantes e inovadores, mas sempre parecem estar em busca de atenção e precisam de disciplina com frequência. Podem agir como o palhaço da turma se estiverem entediados, mas também ficar com raiva ou aborrecidos e irromper em uma explosão emocional.

A forma desatenta do TDAH é muito mais difícil de identificar. Os alunos podem parecer bastante alheios e não ouvir apropriadamente quando você fala com eles. São desorganizados e não parecem absorver muito bem as informações. Podem evitar tarefas difíceis e sentir que não conseguem encará-las.

Alunos com todos os tipos de TDAH muitas vezes querem ter um bom desempenho e agradar o professor, mas têm dificuldades em organizar e em "fazer as coisas direito". Seu trabalho escrito pode ser inadequado ou incompleto, embora possam ter começado com grandes ideias. Podem frequentemente discutir e brigar com seus colegas, mas isso às vezes pode ser devido a provocações e implicâncias.

Depressão é um problema comum entre esses jovens, pois eles sentem que nunca conseguirão manter as amizades e ter um bom desempenho na escola.

Pontos fortes comuns

ASPECTOS POSITIVOS

- Grande entusiasmo;
- Ideias inovadoras;
- Energia de sobra;
- Perspectiva diferente como pensador lateral;
- Carismático e envolvente;
- Destemido. Terá prazer em tentar coisas novas; adora "experimentar";
- Não hesitará em se voluntariar;
- Pode ser excelente em atuação, dança ou esportes;
- Normalmente gentil, amigável e extrovertido;
- Pode ser muito bom com crianças mais novas;
- Pode enfrentar desafios se receber alguma responsabilidade;
- Geralmente quer ter um bom desempenho e fazer amigos;
- Pode ter um forte senso de justiça e imparcialidade;
- Pode ter paixão por um tema, esporte ou *hobby* específico.

Indicadores comuns (aspectos negativos)

ASPECTOS NEGATIVOS

Desatenção

- Pode se distrair com facilidade;
- Pode ter baixa capacidade de atenção; passar de uma atividade a outra;
- Pode ter dificuldade em manter o foco;
- Pode não ouvir corretamente;
- Pode cometer erros por descuido;
- Organização – pode perder coisas, chegar atrasado, esquecer de entregar trabalhos;
- Pode ter memória de curto prazo ruim;
- Pode ter dificuldade em seguir instruções;
- Pode parecer um tanto desligado e distraído;
- Tende a evitar tarefas que exijam esforço mental prolongado;
- Pode não conseguir completar tarefas apesar das boas intenções.

Hiperatividade

- Pode deixar as mãos inquietas e agitar as pernas quando está sentado;
- Pode parecer irrequieto e alheio;
- Pode levantar-se da carteira com frequência durante a aula;
- Pode ser o palhaço da turma e exibido;
- Pode correr ou escalar em momentos inapropriados (em crianças mais velhas isso pode ser substituído por um estado geral de inquietação);

- Pode falar excessivamente;
- Pode ser incapaz de relaxar e ficar calmo;
- Pode ter um comportamento caótico; por exemplo, chegar atrasado sem os livros ou materiais corretos.

Impulsividade

- Pode gritar na aula;
- Pode ser impaciente;
- Pode ser irritadiço;
- Pode ter dificuldade em esperar por sua vez;
- Pode interromper e interferir nas conversas de outras pessoas;
- Pode ficar ansioso e agitado;
- Pode reagir emocionalmente, não racionalmente;
- Pode ficar irritado e agressivo ou choroso;
- Pode assumir riscos desnecessários; desafiador;
- Pode estar sempre procurando a coisa mais empolgante para fazer.

Dificuldades de função executiva

As competências de função executiva permitem-nos organizar e planejar atividades, pensar logicamente e realizar tarefas com sucesso até a sua conclusão. Essas funções trabalham em conjunto para nos ajudar a alcançar objetivos pessoais, aprender com os erros e sobrepujar o comportamento impulsivo.

Alunos com TDAH muitas vezes esforçam-se para desenvolver essas habilidades e por isso podem ter dificuldade com as seguintes situações na escola:

- Lembrar detalhes ou instruções e reter números por tempo suficiente para realizar um cálculo;
- Focar e manter a atenção;

- Organização, planejamento e priorização;
- Estimar quanto tempo um projeto levará para ser concluído;
- Aprender com a experiência e refletir com o retrospecto;
- Regular o comportamento pensando nas consequências;
- Tomar decisões racionais;
- Concluir tarefas – muitas vezes, têm grandes ideias, mas são incapazes de perseverar e concluí-las;
- Reagir de forma lógica e não emocional – isso pode causar problemas com as amizades e na relação com professores;
- Inibir certos padrões impulsivos de comportamento;
- "Neutralizar" o acúmulo de sentimentos, resultando em explosões emocionais.

ESTUDO DE CASO: TDAH

Andrew era um menino entusiasmado, cheio de ideias brilhantes, mas de alguma forma sempre parecia acabar tendo problemas na escola e discutindo com os amigos. Aos 14 anos, foi diagnosticado com TDAH e recebeu medicação para controlar seu comportamento hiperativo e impulsivo. Ele começou a se sair melhor academicamente e conseguiu se concentrar mais nos esportes, área em que era bom. Adorava nadar e se matriculou em um clube local. Com sessões diárias de treinamento antes da escola e natação nos fins de semana, descobriu que grande parte de seu comportamento maníaco cessava e que poderia reduzir sua dependência de medicação, que ele não gostava de tomar. Sua vida ficou mais equilibrada, o trabalho escolar melhorou e ele começou a nadar pelo clube local.

Moral da história: *Desafios físicos podem ser muito úteis para alunos com TDAH, especialmente quando envolvem disciplina e treinamento.*

Abordagem global

Sua atitude é importante. Esses alunos podem ter ideias empolgantes e interessantes, muito entusiasmo e uma abordagem incomum e original. No entanto, podem precisar de controle cuidadoso e disciplina paciente, mas firme. Eles podem ser desorganizados e estar com o trabalho atrasado ou tê-lo perdido de vez. Em sala, podem gritar, pular de sua carteira e atrapalhar as aulas, exigindo atenção. Essa combinação de qualidades os torna tanto desafiadores quanto gratificantes de ensinar.

Se tiverem a forma desatenta de TDAH, serão menos desordeiros, mas podem parecer malcriados, desinteressados e não ouvirem você. É importante que você tente mantê-los envolvidos e motivados e não leve isso para o lado pessoal.

Lembre-se de que, em sua maioria, os alunos com TDAH desejam ter um bom desempenho, ficando tristes e aborrecidos quando as coisas dão errado e seu comportamento os decepciona. Você pode ajudá-los mostrando compreensão e sendo positivo e proativo em sua abordagem.

- Deixe-os cientes de que você acredita neles e em suas capacidades;
- Tenha regras disciplinares claras e justas;
- Seja acessível, mas firme;
- Tente ser coerente com o próprio comportamento e modos;
- Faça-os saber que podem procurar sua ajuda individualmente;
- Permaneça otimista e alegre;
- Mostre que você se importa e lembre-se de sorrir.

Estratégias de sala de aula

- Sempre comece as aulas da mesma forma – isso proporciona estrutura e segurança;
- Descreva o objetivo da lição e a forma como ela se dará;

- Forneça informações em blocos curtos;
- Mantenha as instruções breves e claras;
- Indique a forma como o tempo será dividido durante a aula;
- Forneça uma lista de verificação para que o aluno possa marcar as tarefas à medida que forem concluídas e ver quantas restam;
- Dê indicações frequentes sobre o tempo restante – use declarações como: "Em cinco minutos, vamos prosseguir";
- Utilize uma abordagem multissensorial para manter elevados os níveis de interesse;
- Mude de atividade com frequência e mantenha o ritmo;
- Torne o material o mais relevante possível para questões da vida real;
- Invente formas inovadoras para os alunos registrarem informações – eles conseguem desenhá-las, produzir uma tira de quadrinhos, preencher lacunas de texto, elaborar um diagrama de fluxo de computador ou criar uma imagem no computador?;
- Permita o uso de canetinha hidrocor, marcadores de texto e papel colorido;
- Seja flexível em algumas ocasiões e responda ao estado de espírito da sala de aula.

Assentos

Um plano de assentos tradicional funciona melhor com os alunos posicionados em fileiras voltadas para a frente da sala de aula. Isso distrai muito menos do que fazê-los se sentar em grupos, frente a frente (Figura 6.1).

Figura 6.1 Disposição dos assentos

- O ideal é que alunos com TDAH sentem-se na frente ou na extremidade de uma fileira pela qual você possa passar;
- É importante poder manter um contato visual desimpedido;
- Deixe o aluno manter a mesma posição por um período, se funcionar bem. Isso proporciona estabilidade;
- Ele deve sentar-se longe de distrações como janelas, portas, lugares barulhentos, cartazes na parede ou o colega tagarela da turma!;
- Sente-o ao lado de um colega sensato ou de um aluno com comportamento exemplar;
- Encontre uma área, talvez uma estação de computador ou um canto mais isolado, para onde o aluno possa ir caso necessite de uma mudança de ares.

Disciplina

- Seja muito claro com toda a turma sobre as regras de comportamento esperadas, tanto as admiráveis como as inaceitáveis;

- Descreva exatamente o que não é aceitável e quais são as consequências para má conduta;
- Seja coerente com as regras da sua aula;
- Desenvolva um sinal para atrair a atenção do aluno caso ele tenha se distraído; esse pode ser um recurso mais sutil e menos embaraçoso do que chamá-lo pelo nome;
- Sinalize enfaticamente se achar que o comportamento dele está se tornando inaceitável;
- Dê-lhe um aviso e lembre-o das consequências;
- Se o comportamento inaceitável continuar, aja de forma rápida, decisiva e confiante para disciplinar o aluno;
- Não perca a calma; tente permanecer sereno e emocionalmente equilibrado;
- Escolha punições sensatas para má conduta, que você possa realmente levar a cabo e que de preferência sejam "proporcionais ao crime", pois são mais fáceis de compreender;
- Tente evitar discussões diretas com o aluno, principalmente na frente da turma;
- Combine um sinal com o aluno para que você saiba quando ele estiver ficando muito estressado, ansioso ou irritado. Um cartão colorido que possam colocar sobre a carteira pode funcionar bem: um amarelo antes e um vermelho depois demonstrando ansiedade crescente, por exemplo;
- É possível mudar a atividade ou posição dele durante a aula, dar-lhe alguma incumbência ou atribuir-lhe uma tarefa na sala? Ele pode refugiar-se em uma área tranquila da sala de aula?
- Se você achar que é melhor que abandone a aula, há alguma área designada em outro local da escola onde possa relaxar e se acalmar? Ele provavelmente precisará estar acompanhado;
- Tente não guardar rancor, mesmo que o aluno tenha sido mal-educado com você. Lide com o disciplinamento com

calma e firmeza, mas tente não levar o incidente para o lado pessoal. Faz parte da condição do aluno e ele nem sempre consegue evitar tal situação.

Permitir movimentar-se durante a aula

Alguns alunos terão uma necessidade constante de se movimentar ou se agitar. É uma boa ideia às vezes deixá-los ter uma bola antiestresse ou um pedaço de tecido para mexer. Isso pode auxiliá-los na concentração.

Tente considerar um momento em que toda a turma possa sair dos seus lugares e se movimentar – por exemplo, elaborando trabalho em grupo, representando um cenário, efetuando um debate, fazendo um exercício prático ou acompanhando de perto uma demonstração.

Tente permitir que um aluno hiperativo com TDAH se mova periodicamente. Eles poderiam distribuir apostilas ou papéis, ou devolver as lições de casa? É provável que se voluntariem se você precisar de um assistente para uma tarefa, mas você também deve tentar equilibrar as necessidades dos outros alunos.

Uso de computadores

Os programas interativos de ensino e revisão da matéria costumam ser muito populares, especialmente se forem coloridos e divertidos. Eles podem fornecer *feedback* instantâneo pessoal e imparcial, o que é excelente para alunos com TDAH.

Há uma variedade de jogos de quiz e sites para elaboração de brincadeiras como bingo, que podem ser baseadas nas matérias e que alunos com TDAH podem gostar muito de jogar.

Os alunos conseguem organizar melhor o trabalho escrito usando um processador de texto, pois os parágrafos podem ser movidos e as palavras, ajustadas, sem desarrumar a apresentação. Um trabalho pode então ser produzido e ilustrado com um alto padrão. Isso pode ser mostrado para a turma por meio de materiais audiovisuais, o que faz bem à autoestima. O trabalho elaborado em computadores pode ser enviado por e-mail ao professor e é menos provável que se perca.

Trabalho em grupo/dupla

- É mais fácil se você escolher grupos ou duplas;
- Dê papéis específicos a todos nos grupos, pois isso evita conflitos;
- Divida a tarefa em uma série de metas pequenas e alcançáveis;
- Defina um cronograma claro para o trabalho e lembre aos alunos, no momento apropriado, quanto tempo ainda lhes resta;
- Alunos com TDAH podem ter ótimas ideias, mas certifique-se de que seus projetos sejam realistas e realizáveis;
- Fique atento a brigas ou *bullying*.

Feedback **positivo, comemorando o sucesso**

- Procure ficar atento ao bom comportamento ou trabalhar para parabenizar o aluno durante as aulas;
- Emende elogios;
- Recompense de forma tangível, seja contemplando-o com uma estrelinha ou pontos, dependendo do sistema escolar. Porém, seja coerente e lembre-se de que há outros alunos na turma;
- Reconheça melhorias e esforços;
- Informe ao mentor do aluno sobre quaisquer sucessos para que ele possa elogiar e dar *feedback* positivo ao aluno e transmitir essa informação a seus pais ou responsáveis. Muitas vezes, só nos lembramos de transmitir informações negativas, e esses alunos precisam de um incentivo moral.

Administre as mudanças com cuidado

Alunos com TDAH não gostam de mudanças na rotina, pois isso transforma sua vida num caos. Se você sabe que haverá uma interrupção em sua aula, como um visitante, um professor substituto ou uma simulação de incêndio, tente avisar a turma com antecedência. Isso eliminará o elemento surpresa e diminuirá a chance de o aluno sofrer uma reação exagerada.

Responsabilidade em aula

Alunos com TDAH podem ter problemas de autoconfiança e isso às vezes pode ser auxiliado atribuindo-lhes uma função de responsabilidade. Poderia haver um papel de responsabilidade em algumas de suas aulas? Existe algum clube vinculado à sua matéria com o qual o aluno possa contribuir?

Habilidades organizacionais[23]

Essa é uma área na qual alunos com TDAH precisarão de apoio contínuo durante toda a fase escolar, enquanto se esforçam para planejar e cumprir prazos. Será necessária orientação individual para ajudá-los a desenvolver estratégias de enfrentamento.

Lição de casa

- Esteja ciente de que um aluno com TDAH levará mais tempo para realizar um trabalho do que o aluno médio até que ele se acalme e se distraia algumas vezes. Às vezes, a própria família do aluno luta a tarde inteira para mantê-lo focado. Portanto, decida quais partes são essenciais e quais são opcionais;
- Dê instruções claras, verbalizadas e escritas;
- Certifique-se de que a lição de casa foi anotada corretamente ou gravada eletronicamente;
- Torne algumas lições de casa divertidas e diversificadas. Lembre-se de que alunos com TDAH adoram o "fator diversão".

---

23. Cf. capítulo 12.

Correção da lição de casa

- Decida quais questões são importantes para um determinado trabalho e faça a correção de acordo com isso. Se for para escrita criativa, marque o conteúdo e tente não se preocupar muito com a caligrafia ou a ortografia;
- Procure fazer comentários positivos;
- Dê sugestões construtivas para melhorias na próxima vez;
- Esteja ciente do esforço e do progresso.

Fora da sala de aula

É importante entender o que acontece com o aluno antes e depois da aula. Às vezes, isso pode explicar muito sobre seu comportamento.

Almoço e intervalo do recreio

Esses momentos sem supervisão podem ser difíceis para alunos com TDAH, pois muitas vezes eles consideram desafiadoras as situações sociais não estruturadas. Eles podem achar difícil brincar informalmente com outras pessoas e podem ocorrer discussões e brigas. O aluno pode ser alvo de piadas ou ser provocado por outras pessoas. Os funcionários em serviço devem estar atentos ao *bullying*.

Estratégias:

- Incentive a companhia de um colega sensato para fazer uma atividade conjunta;
- Incentive-os a frequentar um clube ou agremiação, ou praticar esportes, uma sessão de música ou arte nesses horários;
- Sugira que ajudem nas atividades dos alunos mais novos.

Aulas de educação física

Alunos com TDAH podem ter excesso de energia para queimar. Os esportes e o exercício regular podem ser um excelente canal para isso e devem ser incentivados.

Esportes de ação rápida, como o futebol, podem ser muito populares, especialmente com a supervisão de um adulto para garantir que as regras sejam observadas. O bate-bola descontraído no recreio pode terminar em conflito. Alguns esportes, como o xadrez, são menos adequados porque exigem uma concentração prolongada.

Esportes individuais, como natação, corrida, tênis, judô e *taekwondo*, demonstraram ser muito frutíferos para alunos com TDAH. Se possível, essas práticas devem ser encorajadas. Levar um esporte a um alto nível pode oferecer desafios e recompensas e incentiva uma atitude disciplinada em relação ao treinamento. Competir é estimulante e vencer proporciona a recompensa instantânea do sucesso. Alguns alunos se beneficiam de uma curta sessão esportiva extra antes do início das aulas.

Uma visão de dentro

Quando a maioria das pessoas fica com raiva, elas podem escolher entre explodir – entrar em um túnel escuro – ou pôr a mão na consciência, mudar de direção e encontrar outro caminho a seguir. Para mim, os trilhos levam direto ao túnel – não há desvios. Está escuro; é um breu total e coisas ruins acontecem.

Depois da "crise", fiquei muito chateado porque não queria que nada de ruim acontecesse, mas não havia nada que eu pudesse fazer para impedi-lo.

Extraído da história de Daniel em: The boy from hell: Life with a child with ADHD, *com a gentil permissão da autora,*
Alison Thompson (2016).

Provas[24]

Alunos com TDAH podem precisar de providências especiais em exames públicos, incluindo intervalos regulares para descanso. Pode ser apropriado ter uma sala separada, longe de outras distrações, o que também permite que o aluno se movimente para ajudar

---

24. Cf. capítulo 13.

na concentração. A oferta dependerá das necessidades do aluno. O coordenador de necessidades educacionais especiais e o responsável pela aplicação do exame implementarão isso. Deve ser permitido que o aluno tenha à sua disposição essas mesmas providências nas provas escolares.

Abordagem para toda a escola

Todos os professores e funcionários devem estar cientes de quaisquer alunos com TDAH e certificar-se de que saibam quem contatar sobre o seu bem-estar.

O *coordenador de necessidades educacionais especiais* deverá coordenar o seu atendimento.

Um *mentor adulto* (um tutor ou coordenador de ano) oferece suporte tanto ao aluno com TDAH no dia a dia quanto aos professores.

Os *assistentes de sala* podem ajudar em algumas aulas, o que pode ser muito benéfico para um aluno com TDAH, o professor e os demais colegas da turma.

Certifique-se também de ter bem claras para si as políticas e os procedimentos da escola. Procure se inteirar das questões a seguir.

Questões de trabalho

- Os alunos têm alguma outra dificuldade de aprendizagem?
- Eles se qualificam para tempo extra ou intervalos para descanso em provas?
- Eles podem usar um computador para tarefas e provas em vez de escrever à mão?
- Providências especiais podem ser tomadas em relação à lição de casa?
- Eles têm aulas individuais de apoio à aprendizagem?

Questões médicas

- Eles estão tomando medicação? Como isso pode afetá-los?
- O efeito da medicação dura o dia todo? Alguns alunos mais velhos podem fazer uso de medicação seletivamente para aumentar a eficácia em aulas que exijam maior concentração.

Dificuldades comportamentais

- Quem deve ser contatado se houver uma explosão emocional?
- Há algum local específico para onde o aluno possa ir se tiver que sair da aula?
- Há algum colega em uma sala próxima que possa ajudá-lo com o aluno ou com o restante da turma, caso o aluno se torne inconveniente ou violento?
- Qual é a política da escola sobre contenção?

Questões sociais

- Com que frequência eles se apresentam ao seu mentor?
- Como você pode entrar em contato com o mentor para saber mais ou transmitir informações?
- Se o aluno estiver sofrendo *bullying* de alguma forma, qual é a política da escola quanto a essa questão?

A harmonia entre todos os funcionários sobre as normas de comportamento esperadas é importante e tornará muito mais fácil para alunos e funcionários trabalharem juntos.

Educação Pessoal, Social e de Saúde (PSHE)

As aulas de PSHE podem ser momentos valiosos para discutir questões, por exemplo:

- Abraçar as diferenças individuais;
- Tolerância;

- Controle da raiva – dramatizações podem ser úteis;
- Amizade, gentileza;
- Linguagem corporal, comunicação social;
- *Bullying*;
- Depressão.

Essas aulas podem oferecer uma oportunidade não só para contar à classe sobre o TDAH, e isso dependeria dos desejos do aluno e do quão confortável ele se sente ao falar sobre o assunto, mas também para promover a compreensão na escola em geral.

Apoio individual

Um *mentor adulto* pode fornecer uma tábua de salvação para um aluno com TDAH. Podem reunir-se com eles regularmente, ajudá-los a planejar e organizar a sua vida escolar e resolver problemas à medida que surgem. Celebrar o sucesso e o progresso é outra função importante que um mentor pode desempenhar. Depressão é comum em alunos com TDAH e por isso é importante que aprendam a acreditar em si mesmos, para se tornarem indivíduos mais felizes e autoconfiantes.

Um *professor de apoio* pode fornecer suporte ao aluno para lidar com as necessidades acadêmicas à medida que surgirem. O ideal é que tenham sessões regulares.

Uma comunicação aberta entre o aluno, seu mentor, os professores da matéria e o professor de apoio proporciona o apoio global mais eficaz de que o aluno necessita.

Feedback **aos pais**

Muitas vezes isso é feito por meio de um membro designado da equipe, geralmente o mentor ou o coordenador de ano, e os professores da turma podem se comunicar por meio desse profissional. O *feedback* regular aos pais é importante, por isso lembre-se de transmitir seus comentários, tanto as notícias boas quanto as ruins.

É ótimo que os pais ouçam sobre conquistas e elogios, bem como questões preocupantes. Isso facilita a vida deles e reforça a ideia de que professores e pais estão trabalhando juntos.

— — Pontos-chave — — — — — — —

* O TDAH é uma condição médica que afeta o comportamento ao longo da vida. É caracterizado por desatenção, hiperatividade e impulsividade;
* O TDAH afeta cerca de 5% da população;
* O TDAH hiperativo/impulsivo é mais comumente diagnosticado em meninos; o TDAH desatento se manifesta mais habitualmente em meninas;
* O estilo de ensino precisa ser dinâmico e multissensorial, com mudanças frequentes de atividades para envolver os alunos com TDAH, uma vez que eles têm uma baixa capacidade de atenção;
* Alunos com TDAH precisarão de ajuda com organização e planejamento;
* O trabalho deve ser dividido em tarefas curtas e gerenciáveis;
* Os professores devem ter uma abordagem coerente e serem claros quanto ao comportamento esperado em sala de aula;
* Alunos com TDAH têm maiores chances de sucesso quando existe uma política de apoio e disciplina para toda a escola e se existe um mentor adulto designado;
* Alunos com TDAH consideram a escola cansativa e muitas vezes difícil, mas um bom apoio dos professores e uma relação positiva com os pais podem fazer uma enorme diferença.

7
Transtorno do espectro autista (TEA)

* O que é TEA?
* Como o TEA é diagnosticado?
* O que é Síndrome de Asperger?
* Como posso identificar um aluno com TEA?
* Pontos fortes comuns
* Indicadores comuns (aspectos negativos)
* Meninas com TEA
* Abordagem global
* Estratégias de sala de aula
* Fora da sala de aula
* Abordagem para toda a escola
* Suporte individual
* Pontos-chave

O que é TEA?

Autismo é uma condição neurológica (conexões cerebrais) permanente. Pessoas autistas experimentam dificuldades de comunicação e interação social e apresentam comportamentos restritivos/repetitivos. Muitas vezes, têm interesses especiais ou coleções. É provável que alunos autistas tenham problemas sensoriais e sejam excessivamente sensíveis ou tenham baixa sensibilidade a certos estímulos. O TEA ocorre em uma ampla gama de capacidades intelectuais e afeta de 1 a 2% da população. Tem sido mais comumente diagnosticado em meninos, mas um número crescente de meninas está sendo identificado.

Como o TEA é diagnosticado?

O TEA é uma condição clinicamente diagnosticada e em geral é atestado por um pediatra comunitário ou um psiquiatra infantil. O diagnóstico é baseado em duas áreas de deficiência (Associação Americana de Psiquiatria [APA], 2013):

- Comunicação social e interação;
- Padrões de comportamento, interesses ou atividades restritos e repetitivos.

Existem três níveis de diagnóstico de TEA, dependendo do nível de apoio que uma criança necessita:

- Nível 1, que requer algum apoio;
- Nível 2, que requer apoio substancial;
- Nível 3, que requer um apoio muito substancial.

O TEA varia em escala a partir de um diagnóstico de nível 1, quando os alunos são capazes de frequentar a escola regular e, se receberem o suporte correto, podem ter bons resultados, especialmente nas matérias escolhidas.

Os alunos com diagnósticos de nível 2 ou 3 necessitarão de muito mais suporte e poderão ter dificuldades acentuadas de fala e comunicação ou serem não verbais. Em geral, frequentam escolas especiais ou centros-dia. Para efeitos deste capítulo, eu tomarei como referência alunos com TEA nível 1 em escolas regulares.

O que é Síndrome de Asperger?

Até recentemente, indivíduos no espectro autista que tinham inteligência e desenvolvimento de linguagem normais eram identificados em uma categoria diagnóstica à parte chamada *Síndrome de Asperger*. Alguns alunos ainda terão esse diagnóstico, mas no futuro serão simplesmente diagnosticados como tendo TEA leve (nível 1). A denominação continua a ser usada coloquialmente e em literatura mais antiga, então é provável que você se depare com o termo.

Outra mudança recente é a introdução de um novo termo, *condição do espectro autista* (CEA). Isso porque há um movimento crescente para ver o autismo como uma forma diferente de pensar, e não como um "transtorno". O termo CEA é menos crítico e permite celebrar os aspectos positivos do autismo, incluindo os talentos especiais que alguns indivíduos autistas possuem. Pode haver confusão, pois o termo médico ainda é TEA, mas algumas escolas adotam a designação CEA.

Denominação

Para uma pessoa autista, o autismo é cada vez mais visto como uma parte definidora de sua personalidade, e não como uma "deficiência adicional". Portanto, seguirei as diretrizes da National Autistic Society, referindo-me a "alunos autistas" ao longo dos próximos dois capítulos, e não a "alunos com autismo". No entanto, ao lidar individualmente com os alunos, acredito que o mais sensato a se fazer ainda é perguntar a eles ou aos seus pais sobre o termo de preferência.

Estritamente falando, o TEA não é uma diferença específica de aprendizagem (DEA), mas uma condição médica. Eu o incluí porque devem ser implementadas providências especiais na escola e os professores devem estar conscientes das diferenças comportamentais e das preferências de estilo de aprendizagem dos alunos. Os alunos podem ser elegíveis para regimes especiais para provas. Alguns alunos autistas também podem ter outras DEAs concomitantes, como dispraxia ou TDAH, mas muitos não terão.

Como posso identificar um aluno com TEA?

Esses alunos podem parecer um tanto "estranhos" e socialmente isolados. Procure o aluno que fala de forma bastante pedante, muitas vezes usando palavras longas e complicadas. Eles podem ter grande interesse em um determinado tema e adorar discuti-lo em detalhes. Muitas vezes, preferem falar com adultos e podem tentar conversar com você durante a aula (ignorando as necessidades dos outros alunos). Podem ter um ponto de vista muito rígido e não gostar de mudanças. Preferem trabalhar sozinhos e podem desejar aprofundar-se inesperadamente em determinados assuntos, mas podem ter dificuldades com trabalhos mais básicos. Não se misturam com os outros e muitas vezes têm pouca vontade de fazê-lo.

Quando conheci Sarah, uma aluna do sétimo ano, ela chegou cedo para sua primeira aula de Biologia. Sentou-se na frente, organizou as canetas e anunciou: "Eu não gosto de aracnídeos, tenho aracnofobia!"

A autora

Pontos fortes comuns

ASPECTOS POSITIVOS

- Excepcional e singular;
- Toma decisões baseadas na lógica, e não nas expectativas sociais;
- Não mudará de opinião apenas para "se encaixar na sociedade";
- Tem apreço por justiça – muitas vezes, tem uma forte noção de certo e errado. Seguirá regras e poderá tentar fazer com que outros façam o mesmo;

- Pontual e confiável;
- Bom foco em temas de interesse – gosta de compreender inteiramente os fatos;
- Muito observador;
- Bom vocabulário;
- Conhecimento enciclopédico em determinadas áreas;
- Bom em planejamento preciso, cronogramas e mapas;
- Pode se destacar com dispositivos eletrônicos ou mecânicos;
- Gosta de matérias lógicas como matemática ou ciências;
- Pode ser talentoso em arte ou música;
- Criativo – muitas vezes, terá uma abordagem muito diferente dos outros;
- Leal aos amigos;
- Direto, não é falso ou ardiloso;
- Pode ter um senso de humor peculiar e incomum;
- Revigorantemente franco.

Indicadores comuns (aspectos negativos)

ASPECTOS NEGATIVOS

Fala

- Pode ser monocórdico e desprovido de inflexão;
- Pode ter um amplo vocabulário;
- Pode usar palavras longas e complexas e linguagem pedante;

- Pode fazer pouco uso das gírias dos grupos de colegas ou usá-las de forma inadequada;
- É capaz de falar detalhadamente sobre um tema de interesse.

Conversação

- Pode achar difícil ter uma conversa descontraída. Pode preferir uma discussão mais profunda à "conversa fiada";
- Pode não saber quando começar ou parar de falar. Pode interromper os outros ou iniciar um monólogo;
- Pode preferir conversas adultas;
- Pode fazer uma interpretação muito literal de palavras e frases;
- Pode não captar informações transmitidas por meio de expressões faciais ou linguagem corporal;
- Pode achar difícil entender piadas ou trocadilhos;
- Pode não compreender informações implícitas;
- Pode achar imprevisíveis e confusas as reações das pessoas;
- Pode não compreender facilmente ironia, sarcasmo e metáforas;
- Pode achar as expressões idiomáticas confusas, a menos que sejam explicadas.

Interação social

Alunos com TEA podem achar as outras pessoas confusas e imprevisíveis, pois têm dificuldade em compreender as normas sociais e os padrões de comportamento informais.

Uma visão de dentro

A maioria das pessoas compreende automaticamente, quase por osmose, quais são as regras em situações sociais. Se você tem TEA, não compreende as regras, a menos que lhe digam quais são.

Aluna

Aqui estão alguns dos motivos:

- Dificuldade em ler sinais sociais e compreender como os outros pensam;
- É pouco provável que capte sinais não verbalizados que indiquem se está sendo intrusivo ou bem-vindo;
- Pode invadir o espaço pessoal ou manter-se muito distante;
- Pode haver falta de contato visual, o que é desconcertante e resulta em perda de pistas faciais, ou contato visual excessivo, o que parece intimidante;
- Pode não saber como responder às emoções dos outros e pode reagir de forma inadequada;
- Pode haver dificuldade em compreender as regras de comportamento esperadas ao interagir com diferentes grupos de pessoas, tais como familiares, colegas ou adultos com autoridade. Pode ficar muito formal com os colegas e à vontade demais com o corpo docente;
- Socialmente desajeitado. Pode ser alvo de piadas ou *bullying*;
- Pode ter interesses muito diferentes dos do grupo de colegas;
- Pode não ver sentido em "se encaixar na sociedade";
- Pode ter atitudes e opiniões inflexíveis. Propenso a discutir;
- Com frequência é muito sincero e pode "contar histórias" que podem colocar outras pessoas em apuros;
- Pode dar uma opinião franca, que nem sempre é bem-vinda. Não aprendeu a arte do tato para evitar magoar os sentimentos das pessoas;
- Pode causar ofensas involuntariamente.

Stimming **(autoestimulação)**

- Pode apresentar movimentos repetitivos, como agitar as mãos, se estiver estressado.

Teoria da mente

A maioria das crianças com cerca de cinco anos de idade consegue ler sinais sociais para que possam compreender os pensamentos, emoções e intenções de outras pessoas e prever o que as pessoas farão a seguir. O termo psicológico para isso é *teoria da mente*. Essa habilidade lhes permite desenvolver empatia com os outros e ver as coisas de um ponto de vista diferente. Pessoas autistas têm grande dificuldade em ler sinais sociais e entender como os outros pensam, e por isso podem achar as situações sociais confusas e extenuantes.

Ordem e rotina

Geralmente um aluno com TEA:
- Gosta de rotinas, quadros de horários e ordem;
- Tem rotinas pessoais, segue o mesmo trajeto até a sala de aula e gosta de se sentar no mesmo lugar; familiaridade e rotina proporcionam segurança e reduzem o estresse;
- Não gosta de mudanças e imprevisibilidade – pode ficar muito aborrecido com uma alteração repentina;
- Organiza os itens de uma forma exata ou particular, como canetas coloridas em uma carteira, e ficará desproporcionalmente irritado se isso for alterado;
- Ficará insatisfeito com o compartilhamento de itens pessoais;
- Considera estressantes "lugares movimentados", como corredores ou vestiários;
- Tem certos padrões de comportamento ou movimentos repetitivos;
- Tem movimentos corporais incomuns e repetidos (tiques), como agitar ou balançar os braços, que podem se tornar mais pronunciados em situações estressantes.

Tema de interesse especial

Frequentemente, um aluno com TEA:
- Tem um interesse especial, que geralmente é algo em um campo restrito;

- Pesquisará a fundo seu tema de interesse e poderá ter um conhecimento excepcional sobre ele;
- Pode mudar seus temas de interesse especial à medida que amadurece;
- Falará excessivamente sobre um interesse especial a ponto de entediar outras pessoas;
- Gosta de passar o tempo às voltas com seus interesses especiais, já que é organizado, relaxante e seguro;

Uma visão de dentro

Você tem interesses muito específicos. Coisas de que gosta de verdade. São reconfortantes. Às vezes, é mais fácil conversar com adultos sobre esses interesses do que com outras crianças que não estão interessadas como você.

Aluna

- Possui coleções de itens que são importantes. Podem ser objetos incomuns, como pilhas e chaves, ou itens colecionáveis mais geralmente aceitos, como modelos de trens ou fósseis. Pode proporcionar conforto ao percorrer o acervo, colocando em ordem os objetos familiares.

Coordenação

Nem todos os alunos com TEA apresentam problemas de coordenação, mas muitos sim. Eles podem ter:
- Uma marcha de caminhada incomum;
- Dificuldades de coordenação motora (semelhantes às observadas na dispraxia);
- Dificuldades com habilidades motoras grossas – equilibrar-se, pegar uma bola, andar de bicicleta;
- Dificuldades de caligrafia e habilidades motoras finas.

Sensibilidade[25]

Alunos com TEA podem apresentar sensibilidade exacerbada (hipersensíveis) ou abrandada (hipossensíveis) a certos estímulos (luz, som, olfato, paladar, tato). Isso pode afetar muito suas vidas e sua capacidade de aprendizagem em determinadas situações. Os professores de alunos autistas devem estar cientes de quaisquer questões relativas à sensibilidade e esforçar-se para permitir que o aluno as contorne de forma adequada.

Trabalhando com outras pessoas

Trabalhar com os outros não é fácil para os alunos com TEA. Isso se deve a uma combinação de baixas habilidades sociais com uma atitude inflexível. Um aluno com TEA provavelmente:

- Fixa-se em uma determinada ideia ou abordagem e acha difícil contemporizar;
- Sente fortemente que suas ideias estão certas;
- Deseja estar no comando e torna-se mandão ou parece arrogante;
- Tem dificuldade em ver o ponto de vista de outra pessoa;
- Acha difícil prever as reações de outras pessoas;
- Tem problemas para compartilhar recursos;
- Considera situações de grupo cansativas e pode sentir necessidade de momentos de silêncio sozinho.

Temperamento

A frustração, a sensação de injustiça, a sobrecarga sensorial, o cansaço ou a irracionalidade dos outros podem levar a fortes explosões emocionais. Devem ser implementadas estratégias, dentro da escola, para lidar com um incidente, caso ele aconteça.

---

25. Cf. capítulo 9.

Mascaramento

Alguns alunos autistas tentarão esconder muitos dos seus traços de autismo, a fim de se misturarem melhor aos seus colegas e evitar serem provocados e parecerem diferentes. Isso pode ser extremamente exaustivo e estressante. Às vezes, os alunos "se controlam" e usam máscaras durante o dia escolar, mas depois têm uma explosão emocional (colapso ou *meltdown*) quando voltam para casa. O mascaramento é especialmente prevalente em meninas.

Depressão

Depressão pode ser um problema para alunos inteligentes com TEA. Eles têm consciência de que são diferentes, mas as tentativas de se enquadrar socialmente ou de fazer amigos são frequentemente rejeitadas. Os amigos são valorizados nos anos da adolescência e a rejeição social pode levar ao aumento do isolamento e da infelicidade.

Meninas autistas

Até recentemente, o autismo era uma condição diagnosticada em sua maior parte em meninos, em geral na proporção de 1:4 de meninas para meninos, e as meninas tendem a ser diagnosticadas dois a três anos depois dos meninos. Hoje, essa situação está mudando e as meninas e mulheres autistas estão sendo cada vez mais diagnosticadas e compreendidas.

Por que meninas são diagnosticadas com menos frequência?

Meninas autistas têm maior probabilidade de buscar se enquadrar socialmente do que meninos da mesma idade. As meninas podem mascarar seus traços de autismo e, portanto, estão menos propensas a se destacarem na classe por se comportarem de maneira diferente. As meninas podem imitar o comportamento de suas colegas e adotar seus maneirismos, roupas, estilos de cabelo e até mesmo tentar compartilhar interesses para serem aceitas. Podem se esforçar para conversar e usar o jargão "correto" para se encaixar em seu grupo de colegas, mesmo que as nuances das interações sociais possam passar batido ou ser mal interpretadas. Manter essa farsa é muito extenuante e pode causar estresse e ansiedade que se acumulam ao longo do dia. Meninas autistas também podem ser socialmente imaturas e vulneráveis. Podem virar alvo de piadas.

Uma visão de dentro

Quando aparento estar não verbal, por favor, apenas colabore comigo. É um método externo de mostrar sobrecarga sensorial e esgotamento emocional. Eu prometo que não estou tentando ser rude, mas não consigo me expressar sem causar a mim mesma ainda mais agitação.

Mensagem de uma aluna com TEA para seus professores.

ESTUDO DE CASO: TEA

Carol era uma garota inteligente e articulada que estudava em uma importante escola para meninas. Ela gostava de ciências e matemática; queria ser cirurgiã.

Carol era autista.

Apesar de apresentar bons resultados na maioria das matérias, Carol tinha dificuldade em interpretar enunciados abertos, especialmente em língua inglesa e literatura, e achava a redação criativa particularmente difícil. Ela nunca conseguia pensar o suficiente para dizer e sentia que havia "respondido à pergunta" em alguns parágrafos. Suas notas eram muito baixas e, por ser perfeccionista, bateu um desânimo.

Foi auxiliada enormemente quando seu professor de apoio sugeriu que ela incluísse detalhes de cada um dos seus cinco sentidos para melhorar sua escrita descritiva...

"O que você viu/ouviu/sentiu? Estava frio ou quente? Considere até sua intuição, talvez?" Isso era algo tangível que

Carol poderia aplicar e ela fez uma tabela para se lembrar de cobrir cada sentido para melhorar qualquer uma de suas descrições.

Foi uma regra que ela ficou feliz em aplicar, e embora sua escrita talvez ainda fosse um pouco afetada, conseguiu embelezá-la e obteve notas muito mais altas ao fazer uso dessa estrutura concreta. Carol passou na prova para obtenção do Certificado Geral de Educação Secundária (GCSE) e felizmente passou a estudar ciências no nível avançado.

Moral da história: *Tente oferecer aos alunos com TEA uma estrutura ou procedimento a ser seguido. Também pode ser necessário apoio para interpretar perguntas abertas.*

Abordagem global

Pode ser divertido ensinar alunos autistas, pois eles trazem uma dimensão diferente às aulas e muitos *insights* adicionais. Eles certamente o manterão em alerta e serão rápidos em lhe dizer se você esqueceu alguma coisa ou cometeu um erro! A melhor abordagem é ser muito claro e direto em sua fala e instruções.

- Seja justo, firme e coerente;
- Esteja atento a questões sensoriais específicas;
- Mostre que você valoriza o intelecto e a contribuição deles;
- Ajude-os a encontrar formas eficazes de trabalhar;
- Combinem um sinal de "fuga", para o caso de ficarem muito estressados.

Estratégias de sala de aula

Seu próprio comportamento

- Tente comportar-se de maneira coerente em cada aula;
- Evite declarações indiretas ou divagações; exponha os pontos com clareza;
- Use frases curtas e claras;

- Compreenda que é pouco provável que as expressões faciais e a linguagem corporal sejam registadas;
- Não use sarcasmo e lembre-se de que recursos como humor ou ironia em seu tom não serão assimilados e as piadas poderão não ser compreendidas;
- Suas palavras podem ser interpretadas literalmente, então uma frase como "Volte para sua carteira e não se mova" pode causar grande confusão se eles estiverem fazendo um exercício de escrita;
- Evite expressões como "bater com a língua nos dentes". Alunos com TEA provavelmente as interpretarão literalmente;
- Avise sobre uma alteração que seja de conhecimento, como ter que modificar a sala de aula na aula seguinte. Alunos com TEA gostam de ser avisados com antecedência sobre mudanças;
- Não leve os comentários para o lado pessoal nem presuma falta de educação. Alunos autistas podem não ver sentido em fazer algo e verbalizar isso a você, podem lembrá-lo de uma omissão ou dizer que você está errado. Lembre-se de que eles provavelmente estão apenas sendo francos. Deixar de fazer contato visual também pode ser mal interpretado como rude ou evasivo, mas isso pode ser apenas uma forma de limitar o *input* sensorial.

Ordem e rotina na sala de aula

- Estabeleça uma rotina objetiva de sala de aula. Os alunos devem esperar do lado de fora da sala até que você os deixe entrar? Aguardam até que você lhes diga para se sentarem? Onde as mochilas são colocadas? Você faz chamada?
- Defina um início formal em suas aulas e sempre comece do mesmo modo. Isso proporciona estrutura e reforça o disciplinamento, fazendo com que os alunos com TEA se sintam mais seguros;
- Se possível, permita que o aluno se sente no mesmo lugar. A extremidade de uma fileira geralmente é preferível, pois é menos cercado por outros alunos;

- Explique os objetivos, dê as linhas gerais da aula a duração das atividades;
- Mantenha a sala limpa e organizada;
- Certifique-se de que os livros estejam organizados em prateleiras e que o material esteja em uma gaveta ou em um armário devidamente etiquetado. Provocará irritação no aluno se a tesoura estiver na gaveta que está identificada como cola!

Passando trabalhos

- Dê instruções objetivas, de preferência escritas. Não presuma nada: inclua referências de páginas, números de perguntas, exatamente o que você espera que eles façam, como organizar o trabalho, se deseja que seja entregue em mãos e quando deve ser finalizado;
- Diga-lhes quando começar, se for um exercício de aula;
- Dê atualizações sobre o tempo – "Tem mais cinco minutos para tal coisa";
- De tempos em tempos, tente dar uma oportunidade para o aluno fazer algo quanto a seu interesse especial. Eles vão gostar disso e pode ser uma chance para brilharem.

Uma visão de dentro

Luke Jackson tinha apenas 13 anos quando escreveu *Freaks, geeks and Asperger syndrome* (2002), no qual oferece uma visão divertida, mas perspicaz, da vida escolar com TEA. Aqui estão dois de seus apelos aos professores:

Professores e assistentes de sala, por favor, digam às crianças com Asperger *exatamente* o que se espera delas.

A chave para ajudar uma criança no espectro autista é sempre se certificar de lhe falar com muita clareza o que está acontecendo. Nunca é demais frisar isso.

Sensibilidade[26]

Esteja ciente de que alguns alunos podem ser hipersensíveis a certos estímulos ou hipossensíveis. Deve-se considerar estímulos como iluminação, nível de ruído, substâncias químicas em relação ao paladar e ao olfato, tato a certos materiais e pressão do toque. Esteja ciente de quaisquer aversões e tente capacitar o aluno a evitar a angustiante estimulação excessiva. Se eles forem hipossensíveis, encontre maneiras de ajudá-los a se envolver.

A sensibilidade exacerbada pode fazer com que os alunos com TEA se distraiam com coisas que outras pessoas não notariam, como uma rachadura no gesso ou uma joaninha no batente da janela. Murais e cartazes chamativos em sala de aula podem dificultar muito a concentração na aula.

Integração social

Algumas habilidades sociais podem ser aprendidas por meio de lembretes pacientes e de uma abordagem coerente. Em suas aulas, reforce as regras de comportamento esperadas e tente encorajar o compartilhamento de ideias. Incentive todos os alunos a ouvir as ideias uns dos outros.

Ter pavio curto

- Tente evitar uma explosão emocional ou um colapso do aluno, se possível, administrando o ambiente com antecedência e comunicando o aluno sobre as suas necessidades (por exemplo, sensoriais);
- Esteja atento a sinais de estresse e descontentamento;
- A raiva e os colapsos (*meltdowns*) podem ser resultado de um incidente anterior em casa ou na escola, por isso um aluno pode chegar à aula já tenso e angustiado;

---

26. Cf. capítulo 9.

- Às vezes, vale a pena combinar com o aluno uma forma de comunicá-lo que estão se sentindo sobrecarregados e que podem se zangar, sem chamar a atenção para o restante da turma. Talvez mostrando um cartão colorido;
- Procure por gatilhos que possam causar o aumento da agitação;
- Tente antecipar ou redirecionar o acúmulo emocional; atribua-lhes, talvez, uma tarefa absorvente para aliviar a tensão;
- O aluno poderia sair da sala sob algum pretexto?;
- Há um assistente de sala de aula que possa ajudar ou uma pessoa designada para encaminhar o aluno?;
- Se ele estiver realmente estressado ou agressivo, permita que vá para uma sala silenciosa destinada a "esfriar a cabeça". Certifique-se de que ele saiba a quem se apresentar e lembre-se de que você terá que avisar quando retornar à aula;
- Mantenha você mesmo a calma.

Trabalho em grupo

Entenda que a integração de alunos autistas em atividades em grupo pode causar atrito. Obtém-se melhores resultados se você:

- Escolher você mesmo os grupos;
- Der a cada aluno um papel específico, pois isso reduz brigas;
- Supervisionar cuidadosamente.

Esteja atento a atos maldosos, provocação ou *bullying* por parte de outros integrantes do grupo, mas também verifique se o aluno autista não está sendo muito ditatorial dentro do grupo.

Trabalhando sozinho

Alunos autistas, às vezes, apreciam muito uma oportunidade de trabalharem sozinhos. Vez ou outra, isso é aceitável, mas não deve se tornar a norma. Essa é uma boa opção quando há outros alunos que também gostam de trabalhar sozinhos de vez em quando.

Lição de casa

Alunos autistas consideram extremamente cansativo sobreviver a um dia escolar cheio e precisam de algum "tempo de descanso" para relaxarem quando chegam em casa. Eles também podem ter dificuldade com o conceito de fazer mais trabalho "escolar" em "casa" e se ressentem disso. Há uma discussão para reduzir as "lições de casa" sempre que possível ou permitir que as façam durante o dia escolar, talvez na hora da refeição.

Quando você passar a lição de casa:

- Dê instruções sobre ela no início da aula;
- Explique o trabalho necessário com muita clareza;
- Forneça uma cópia escrita da lição de casa, bem como instruções faladas;
- Diga-lhes quanto tempo dedicar à lição de casa;
- Explique quando deve ser entregue e onde deve ser colocada.

Projetos e redações[27]

Alguns trabalhos maiores, como projetos, são realmente uma boa oportunidade para destacar os pontos fortes dos alunos autistas. Muitas vezes eles gostam de pesquisar e a dificuldade reside em impedi-los de entrar em muitos detalhes e chegar a algo semelhante a uma tese.

Certas matérias são mais fáceis para alunos autistas, por exemplo, matemática, ciências ou história, casos em que a informação é lógica e organizada. Eles podem achar literatura muito desafiadora, pois têm dificuldade para ver as coisas do ponto de vista de outras pessoas, por isso acham muito difícil responder a perguntas como "Qual era a ideia do autor aqui?" ou "O que motivou [um dos personagens]?"

Se a sua matéria for língua portuguesa, você provavelmente precisará dar orientações muito precisas e trabalhar com o aluno

---

27. Cf. capítulo 12.

para ajudá-lo a interpretar os enunciados e aprender a respondê-los com profundidade suficiente. Faça primeiro uma série de perguntas curtas e fechadas para definir o pano de fundo para uma redação. Um esquema para elaboração de redação será útil[28].

Fora da sala de aula

É importante entender algumas das dificuldades dos alunos autistas na escola. Isso pode não ser diretamente relevante para a sua matéria, mas pode influenciar o humor e o comportamento dos alunos.

Aulas de educação física

Alunos autistas podem achar as aulas de educação física muito difíceis pelos seguintes motivos:

- Má coordenação, por isso acham os esportes coletivos com bola verdadeiramente penosos;
- É improvável que sejam escolhidos pelos colegas para integrar uma equipe, o que é perturbador;
- Podem não ver sentido nos jogos de equipe;
- Não gostam de vestiários e espaços apinhados;
- Informação sensorial em excesso – gritos, assobios, movimento, contato físico, lama;
- As roupas de jogo, protetores bucais, caneleiras, capacetes ou óculos de proteção podem irritar;
- Odores como cloro, vestiários, pés ou desodorante podem ser difíceis de lidar.

Não há dúvida de que os esportes trazem benefícios à saúde, melhorando a coordenação e proporcionando uma sensação de bem-estar, por isso devem ser incentivados, mas algumas modificações facilitarão a vida dos alunos autistas:

---

28. Cf. Figura 12.1 no capítulo 12.

- Compensar os problemas do vestiário fazendo com que o aluno chegue um pouco mais cedo para se trocar (ver conselhos em dispraxia no capítulo 5);
- Esteja ciente das questões relativas à sensibilidade. Permita, talvez, uma variação no uniforme usado, se apropriado[29];
- É o professor quem deve montar as equipes;
- Considere esportes alternativos – pessoas autistas podem destacar-se em alguns esportes mais individuais, como corrida, natação, escalada, dança, ciclismo, esgrima, artes marciais, canoagem e vela;
- Considere atribuir-lhes outra função, como árbitro, responsável por marcar a pontuação, fotógrafo do time ou repórter de campo do jornal escolar.

Refeitório

Pode ser um ambiente muito estressante para alunos autistas. Os refeitórios costumam ser muito apinhados e barulhentos, com dezenas de pessoas comendo e conversando bem próximo. Cheiros fortes também podem causar sobrecarga sensorial. Talvez o mentor possa tentar pensar em estratégias para ajudar, caso isso seja um problema. O aluno pode comer em outro lugar, talvez na companhia de outros poucos alunos?

Hobbies **e clubes**

É muito mais fácil para alunos com TEA relacionarem-se com outras pessoas se compartilharem interesses comuns; frequentar clubes e agremiações pode ser uma excelente forma de promover amizades. Todos os alunos ganham ao cooperar num projeto de interesse e benefício mútuos.

Clubes como os de xadrez, informática, história natural, espaço, história e política podem ser populares. Juntar-se à equipe de apoio técnico para produções teatrais também pode ser positivo.

---

29. Cf. capítulo 9.

O ponto alto da semana para um garoto de doze anos era poder participar do clube sênior de xadrez. Os alunos mais velhos eram tolerantes e ficavam genuinamente impressionados com a sua capacidade.

A autora

Abordagem para toda a escola

Todos os membros da equipe devem conhecer e reconhecer os alunos autistas e saber o que fazer caso surjam problemas. Pode ser necessário implementar providências especiais nos horários de almoço, nos intervalos do recreio e para certas aulas, como educação física ou ciências. O ideal é que a escola conte com um mentor adulto designado. Um aluno com TEA deve se reunir com frequência com seu mentor, que pode auxiliá-lo na negociação dos desafios da escola.

Também deve haver um procedimento acordado caso o aluno tenha um problema em uma aula ou no intervalo do recreio. Eles devem saber quem contatar e para onde ir – de preferência, uma sala ou área silenciosa designada, onde possam se acalmar se houver um incidente emocional, ou apenas passar algum tempo em silêncio.

É necessária uma abordagem harmoniosa por parte de todos os professores em relação a certas regras de comportamento, incluindo:

- Como se dirigir a um professor ou a outros adulto;
- O que acontece no início e no fim das aulas;
- Padrão de comportamento esperado durante as aulas;
- Comportamento esperado no refeitório;
- Onde os alunos com TEA podem ir nos intervalos do recreio e na hora do almoço (já que esses horários de tempo livre costumam ser os mais desafiadores);
- Política escolar quanto ao *bullying*.

Educação Pessoal, Social e de Saúde (PSHE)

Pode ser útil discutir as seguintes questões não apenas na aula com o aluno com TEA, mas também nas aulas de PSHE em toda a escola:

- Aceitação das diferenças individuais;
- Amizades;
- Tolerância;
- *Bullying*;
- Comunicação social;
- Linguagem corporal;
- Trabalho em grupo.

Alunos autistas sem dúvida se beneficiarão da participação nessas sessões, mas o conteúdo pode precisar ser explicado mais detalhadamente ou reforçado individualmente mais tarde.

Apoio individual

Um *mentor adulto* é inestimável para orientar e oferecer apoio a um aluno autista. O mentor pode ajudar a interpretar as expectativas da escola e agir como um "intermediário" para interagir com os professores das matérias e resolver dificuldades à medida que essas surjam. Mal-entendidos são comuns.

O mentor também pode ajudar a manter a autoestima do aluno, elogiando as conquistas e celebrando o sucesso. Eles devem estar atentos a sinais de depressão, automutilação, mudanças comportamentais ou quaisquer indícios de que o aluno esteja sofrendo *bullying*. Ter um interesse genuíno pelo aluno fará uma grande diferença no seu bem-estar.

Um professor de apoio também poderá ajudar das seguintes maneiras práticas:

- Melhorar a interpretação da linguagem corporal;
- Ensinar significados implícitos e inferidos;

- Aprender a compreender expressões, metáforas e analogias;
- Interpretar o significado dos enunciados;
- Interpretar poesia;
- Ajudar com o conteúdo da redação;
- Auxiliar na preparação e revisão da matéria de provas.

Professores de apoio podem reforçar o trabalho abordado nas aulas e estabelecer as bases para novos temas. Isso é mais eficaz quando os professores das matérias colaboram com o professor de apoio.

Provas[30]

Providências especiais podem ser necessárias. O aluno poderá usar as tecnologias da informação e comunicação (TICs) ou fazer a prova em uma sala silenciosa, longe da distração de outras pessoas. Em alguns casos, é permitido que disponham de mais tempo ou de um intérprete para ajudá-los a compreender o significado dos enunciados. A disposição irá variar e caberá ao coordenador de necessidades educacionais especiais da escola colocar isso em prática com o responsável pela aplicação do exame.

— — Pontos-chave — — — — — — —

★ Indivíduos com TEA têm dificuldades de comunicação e interação social. Há deficiência na faixa dos níveis 1 ao 3. Os alunos do nível 1 estariam em escolas regulares;

★ É cada vez mais diagnosticado TEA em meninas. Elas têm maior probabilidade de mascarar seus sintomas e imitar os outros, destacando-se, portanto, menos nas aulas;

★ Alunos autistas consideram as reações das outras pessoas confusas e a interação social cansativa;

---
30. Cf. capítulo 13.

* Gostam de rotina e ordem e consideram mudanças perturbadoras;
* Interpretarão o discurso literalmente e não compreenderão o significado implícito;
* Podem ter muito conhecimento sobre determinados assuntos;
* São sinceros e leais, mas podem ser rejeitados e sofrer *bullying* de outros alunos;
* Se receberem apoio adequado, podem ter um bom desempenho na escola.

8
Evitação patológica de demanda (EPD)

* O que é EPD?
* Como a EPD é diagnosticada?
* Como posso identificar um aluno com EPD?
* Pontos fortes comuns
* Indicadores comuns (aspectos negativos)
* Abordagem global
* Estratégias de sala de aula
* Abordagem para toda a escola
* Suporte individual
* Pontos-chave

O que é EPD?

EPD é um padrão de comportamento observado em um pequeno número de indivíduos que foram diagnosticados como pertencentes ao espectro autista. A EPD foi evidenciada pela primeira vez na década de 1980, mas está se tornando cada vez mais reconhecida como um perfil distinto de autismo (Associação Americana de Psiquiatria [APA], 2013). Está enraizada na ansiedade e é motivada pela necessidade de estar no controle das situações e de evitar expectativas percebidas.

Alunos com EPD apresentam muitos dos indicadores característicos do autismo descritos no capítulo anterior, mas diferem na sua reação às exigências ou regulamentos percebidos que tentam evitar. Suas estratégias de evitação podem inicialmente envolver métodos sociais para tentar evitar a necessidade de cumprir a demanda. No entanto, se esses métodos falharem, o aumento da ansiedade pode levar a colapsos (*meltdowns*) causados pelo estresse.

Crianças com EPD tentam evitar muitas das necessidades normais da vida diária, interferindo assim nas rotinas doméstica e escolar.

Como a EPD é diagnosticada?

Atualmente, a EPD não recebe um diagnóstico à parte em nenhum dos principais manuais de diagnóstico (Associação Americana de Psiquiatria [APA], 2013; Organização Mundial da Saúde [OMS], 2019); por isso, é referida como um "perfil de EPD dentro de um diagnóstico de TEA". Não há ferramentas de diagnóstico padronizadas no momento em que este livro foi escrito. Um perfil de EPD é identificado por um médico, geralmente um pediatra.

Ainda não é reconhecida nos Estados Unidos.

Como posso identificar um aluno com EPD?

Procure por alunos que normalmente tentam evitar seguir as instruções e inventam desculpas ou motivos pelos quais não conseguem realizar uma tarefa. Se pressionados, é provável que fiquem ansiosos, irritados, entrem em pânico ou reajam com respostas emocionais. Em geral, são muito mais sociáveis à primeira vista do que a maioria das crianças autistas e oferecem mais contato visual, mas isso pode ser superficial. Mudanças extremas de humor são comuns.

Pontos fortes comuns

Os pontos fortes se manifestarão quando as crianças com EPD estiverem relaxadas e se sentirem seguras.

- Faixa normal de inteligência;
- Criativo;
- Resiliente;
- Podem ser bons comunicadores;
- Bom senso de humor;
- Muito conhecedor de determinados temas de interesse;
- Muitas vezes bom em resolver problemas;
- Sincero;
- Gosta de aprendizagem orientada por alunos;
- Aprecia ser líder de equipe;
- Gosta de faz de conta;
- Independente.

Indicadores comuns (aspectos negativos)

- Alunos com EPD terão um diagnóstico de TEA, de forma que apresentarão muitas das características identificadas no capítulo 7, mas terão uma reação diferente às exigências percebidas;
- Podem parecer mais sociáveis à primeira vista, mas carecem de compreensão básica;
- Podem mascarar ou esconder ansiedades e tentar se comportar normalmente por fora. Isso pode ser feito em vários graus e fazer com que o aluno pareça confiante e lidando bem com a situação;

- Os alunos encontram situações sociais e mascaram o cansaço e o estresse aumenta; podem conviver socialmente por um período, mas depois precisarão de tempo para relaxar sozinhos em um lugar tranquilo;
- Gostam de controlar os outros e dominar grupos;
- Podem construir relações intensas com colegas ou adultos. Tais relações podem se tornar obsessivas;
- Tentarão evitar seguir instruções ou regras esperadas;
- Podem encontrar desculpas ou inventar razões para não realizar uma tarefa;
- Podem gostar de dramatização, fingimento e fantasia. No entanto, o limite entre realidade e fantasia pode ser tênue;
- Explosões emocionais e alterações de humor são comuns;
- A evitação de exigências pode variar dependendo da tolerância do aluno a elas num determinado momento ou do seu nível de estresse.

Que coisas são interpretadas como demandas?

As "demandas" podem ser amplas e não são necessariamente vistas apenas como solicitações impostas por outros indivíduos.

Diferentes tipos de demandas:

- *Vida diária*: as necessidades podem ser vistas como "demandas", por exemplo, vestir-se, escovar os dentes, fazer refeições, pegar o ônibus para a escola, assistir às aulas, fazer a lição de casa;
- *Pedidos diretos*: por exemplo, "Escreva um parágrafo sobre viagens espaciais" ou "Vista seu uniforme de educação física";
- *Demandas indiretas*: preocupar-se por não estar no controle de uma situação futura, pressões de tempo, lugares ou

experiências desconhecidas, expectativas dos outros, e até mesmo receber elogios, tudo isso pode levar à ansiedade, pois sugere elevadas expectativas futuras e pode não ter o efeito pretendido;
- *Pequenas demandas dentro de uma demanda maior*: por exemplo, ir a uma excursão da escola é divertido para a maioria dos alunos. Para indivíduos com EPD, isso representa uma grande carga extra de estresse e ansiedade. Eles podem se preocupar em não serem capazes de controlar uma situação desconhecida; por isso, receios do tipo "Ao lado de quem vou me sentar no ônibus? Será que ficarei mais na parte de trás e sentirei enjoo? Onde estão os banheiros? E se eu não gostar do almoço? E se eu me perder?" poderiam sobrepujar o pensamento racional e a expectativa, desencadeando respostas de evitação;
- *Demandas internas*: incluem desejos como "coisas que eu gostaria de fazer", bem como necessidades físicas, incluindo beber, comer ou ir ao banheiro;
- *Coisas que são apreciadas*: estas também podem se tornar, por vezes, "demandas". Podem incluir comer quando estiver com fome, praticar *hobbies*, assistir a um programa favorito ou ver amigos.

Métodos utilizados para tentar evitar demandas

Inicialmente, muitas vezes são estratégias sociais e, mais tarde, à medida que a pressão aumenta, tornam-se mais desesperadas e físicas.
- Tática da postergação – "Farei tal coisa amanhã";
- Barganha – "Se você me buscar na escola, eu limpo a gaiola do hamster";
- Distração – mudar de assunto ou desviar a conversa: "Preciso lhe contar sobre tal coisa";

- Procrastinação – "Farei tal coisa mais tarde", "Ainda não estou pronto", "Vou fazer depois de terminar meu jogo de computador";
- Arranjar desculpas – "Não estou me sentindo bem", "Tenho que cuidar da minha irmã às terças-feiras";
- Inventar motivos incapacitantes – "Não posso ir porque estou com uma perna dolorida";
- Refugiar-se em dramatizações ou personagens fantasiosos – "Eu sou um tigre, então não posso ir para a sala de jantar";
- Minimizar conversas importantes – mudar de assunto ou interromper a discussão com ruídos ou ações para minimizá-la;
- Automutilação ou agressividade;
- Recusa;
- Agitação, lágrimas, colapso (*meltdown*);
- Fuga.

Colapsos (*meltdowns*)

Se as táticas descritas antes não funcionarem e o aluno se sentir encurralado, poderá ocorrer uma rápida escalada para ataques de pânico, levando a colapsos, também conhecidos como *meltdowns*, ou fuga (Figura 8.1). Essas reações não são propositais ou conscientes, mas ocorrem como resultado do aumento do estresse e da ansiedade. Se a ansiedade atingir tal nível, os alunos podem apresentar choro descontrolado, destruição de propriedade ou danos físicos a si próprios ou a outros, como meio de "fuga".

Essas reações não são deliberadas ou premeditadas, deixando o aluno exausto e muitas vezes deprimido. Não é o caso de não quererem fazer determinada coisa, mas naquele momento eles simplesmente não conseguem.

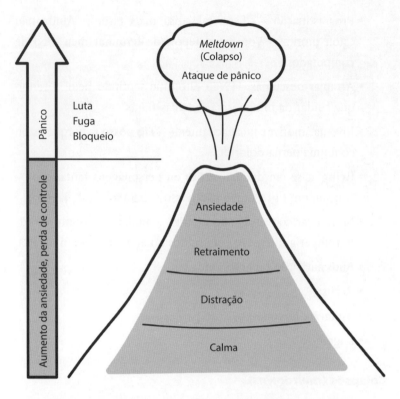

Figura 8.1 Escalonamento de reações ao estresse do aluno com EPD

Os professores também devem estar cientes de que, para alunos com EPD, a pressão das "demandas" escalona continuamente durante o dia. O aluno pode até ser capaz de mascarar e parecer lidar com a situação enquanto estiver na escola, mas terá um colapso quando chegar em casa e a pressão será aliviada. Uma boa analogia seria a de uma garrafa de refrigerante agitada que pode permanecer "tapada" com a tampa pressionada sob pressão crescente, mas assim que a tampa sai ela explode!

Uma visão de dentro

Para que um jovem com EPD tenha a mentalidade certa para poder aprender, ele precisa sentir que está no controle e que escolheu a tarefa e a maneira como aprender. Isso não acontece num ambiente regular, uma vez que o conteúdo é "enfiado goela abaixo" aos alunos pelo professor. Por definição, essa é, portanto, uma demanda que será evitada. A ansiedade aumentará no aluno e sua necessidade de controle será ainda maior. À medida que o dia transcorre, isso fica cada vez pior, até que, eventualmente, ocorre um ataque de pânico.

Garota de 17 anos com EPD. Com a gentil permissão da PDA Society.
Essa informação está publicada na íntegra em: pdasociety.org.uk

Abordagem global

Vai muito do seu estilo de abordagem e postura.

- Tente ser descontraído, amigável e adaptável;
- Converse com o aluno e trabalhe em conjunto com ele. Tente descobrir o que ele considera estressante e o que desencadeia ansiedade;
- Elabore estratégias de enfrentamento com o aluno e desenvolva uma forma de sinalizar o desconforto dele para você antes que se intensifique demais;
- Sempre que possível, ofereça alternativas em vez de uma única instrução que possa ser interpretada como uma demanda;
- Priorize as exigências – lembre-se: algumas crianças muito ansiosas têm inclusive dificuldade em chegar às aulas; por isso, decida quais coisas são mais importantes para a sua aula e pegue mais leve em relação a algumas das outras "demandas".

Estratégias de sala de aula

- Converse sobre os assentos e permita que o aluno com EPD se sente onde se sinta menos estressado – em geral, será na extremidade de uma fileira para que não se sinta encurralado e possa alcançar a porta, se necessário;

- Adote uma postura flexível sempre que possível e esteja preparado para adaptar uma atividade ou permitir uma variedade de abordagens para alcançar o mesmo objetivo;
- Ofereça opções sempre que possível – "Você gostaria de fazer primeiro a leitura ou o exemplo?";
- O ideal é oferecer a toda a turma as mesmas opções, talvez com a ordem das atividades ou métodos de apresentação, já que isso tira o foco de um único aluno;
- Reformule as demandas escolhendo cuidadosamente a linguagem; as instruções (demandas) podem então ser substituídas por ideias, sugestões ou pensamentos percebidos, usando frases como:

    – *Que tal...*

    – *Você pode encontrar as informações que precisa em...*

    – *Quem poderia me ajudar a...*

    – *Eu me pergunto como vou...*

- Faça uso do humor para tentar manter a atmosfera leve e divertida, convidando a classe a se envolver;
- Convide os alunos a inventar jogos de tabuleiro ou atividades para ilustrar questões;
- Muitos alunos com EPD terão temas especiais de interesse. Eles podem ser atraídos para atividades se surgir uma oportunidade?;
- Alivie o estresse – tente aprender quais são as questões que atuam como gatilhos e procure avaliar o nível de estresse/ansiedade do seu aluno. Se você detectar um aumento na tensão, permita que mudem de atividade ou passem algum tempo em silêncio;
- Pausa para aliviar a tensão – há algum lugar tranquilo para onde possa ser encaminhado, a fim de "relaxar e se acalmar" na

presença de um adulto de confiança? Pode ser a biblioteca, o departamento de apoio à aprendizagem ou a sala de um tutor;
- Tenha um "plano de fuga" combinado, caso haja necessidade de o aluno abandonar a aula.

Com uma turma de trinta alunos, às vezes é muito difícil permitir a um aluno com EPD muita liberdade e escolha. Se você tiver um assistente de sala ajudando na aula, isso lhe proporcionará maior flexibilidade.

Encontrando estratégias de enfrentamento

Para professores que atuam em sala de aula, lidar com alunos com EPD pode ser desafiador e requer uma abordagem flexível e uma forma diferente de pensar. Cada dia escolar está repleto de "demandas" e fontes de ansiedade que uma criança com EPD deve superar antes mesmo de começar a aprender e elas podem ficar cada vez mais exaustas e estressadas. O papel conjunto de professores e pais é oferecer apoio a esses jovens vulneráveis e ajudá-los a lidar com cada dia atarefado de forma satisfatória. Eles podem então tornar-se aos poucos mais autoconfiantes e capazes de encontrar estratégias de enfrentamento bem-sucedidas que lhes permitam aprender e prosperar mais tarde na vida. Eles não superarão a EPD, mas poderão aprender como conviver com ela de forma exitosa.

Abordagem para toda a escola

É importante que haja uma abordagem adotada em toda a escola para os alunos com EPD e para que a escola estabeleça um contato com os seus pais. Todos os membros da equipe devem estar cientes dos alunos com EPD e de como proceder no caso de um colapso (*meltdown*). Deve haver uma pessoa designada à qual se apresentar e um local para o qual o aluno possa se refugiar, caso seu nível de estresse esteja se intensificando. Pode ser o caso de o aluno trabalhar parte do tempo no departamento de necessidades educacionais especiais ao lado de um professor especialista. As escolas e os recursos variam, mas uma abordagem coerente será de grande ajuda. Os assistentes de sala podem fornecer ajuda extra inestimável nas aulas.

Apoio individual

A maioria dos alunos com EPD contará com um Plano Educacional Individualizado (PEI) ou Plano de Educação e Saúde (PES) e seu progresso e bem-estar serão monitorados pelo coordenador de necessidades educacionais especiais. Provavelmente contarão também com um coordenador de ano ou tutor que será o contato com seus pais. Eles podem receber apoio individual de um assistente de sala durante algumas horas toda semana. Pode haver dias em que o aluno terá que trabalhar em casa, por não conseguir comparecer à escola. Uma abordagem flexível é fundamental.

Aviso importante

O comportamento apresentado por alunos com EPD pode parecer desafiador e rebelde no ambiente escolar. Portanto, é muito fácil para os professores interpretarem mal a conduta oriunda da EPD e decidirem que as crianças estão sendo malcriadas e desobedientes. Às vezes, a EPD é confundida com uma condição denominada *transtorno opositor desafiador* (TOD), que é um distúrbio comportamental psiquiátrico no qual os indivíduos apresentam comportamento desordeiro e destrutivo[31]. É essencial, portanto, que os professores compreendam o que está motivando uma postura de desobediência e lembrem-se que as crianças com EPD não estão sendo propositalmente travessas, mas sentem que não conseguem realizar uma tarefa específica naquele momento devido à preocupação, ao estresse e à ansiedade crescente.

---

31. Cf. apêndice 2 para uma tabela de comparação.

Pontos-chave

- A EPD é um traço observado em algumas crianças que estão no espectro autista;
- Está relacionada à ansiedade e ao medo de não estar no controle;
- Os alunos tentam evitar as demandas percebidas;
- Procurarão usar estratégias sociais como parte da evitação;
- Os alunos podem parecer sociáveis, mas carecem de compreensão;
- Mascarar sentimentos reais é comum;
- Se a ansiedade aumentar, pode causar um colapso (*meltdown*);
- Uma abordagem flexível ao ensino é valiosa;
- Evite instruções diretas sempre que possível;
- Uma estratégia em toda a escola é fundamental;
- A EPD pode ser equivocadamente interpretada como mau comportamento;
- Os alunos precisam de ajuda para encontrar estratégias de enfrentamento.

9
Transtorno de processamento sensorial (TPS)

* O que é processamento sensorial?
* O que é TPS?
* Como o TPS é diagnosticado?
* Pontos fortes comuns
* Indicadores comuns (aspectos negativos)
* Abordagem global
* Estratégias de sala de aula
* Pontos-chave

O que é processamento sensorial?

Recebemos continuamente informações por meio de nossos órgãos dos sentidos e elas são então transmitidas ao cérebro para interpretação. Visão, audição, olfato, paladar, tato e temperatura são os sentidos mais conhecidos. Além disso, também temos um senso de equilíbrio e movimento devido às informações dos receptores no ouvido médio, e temos um senso de posição e deslocamento devido aos receptores de estiramento nos músculos, articulações e tendões. Os receptores internos também nos dão indicações de fome, sede, coceira na pele, temperatura e necessidade de urinar ou defecar.

O processamento sensorial é a forma como *o cérebro interpreta os estímulos recebidos de nossos receptores sensoriais* (Figura 9.1). É *automático e geralmente subconsciente*. A informação é integrada e ocorrem as respostas apropriadas. Para a maioria das pessoas, o processamento sensorial se desenvolve naturalmente durante a infância. Também aprendemos a priorizar *inputs* sensoriais e a ignorar algumas informações que chegam de forma contínua, como a sensação do material da roupa em nossa pele, e não temos consciência delas, a menos que algo mude. Para alguns indivíduos, entretanto, esses estímulos causam irritação e desconforto constantes. Para outros, os estímulos precisam ser muito maiores para sequer serem registrados.

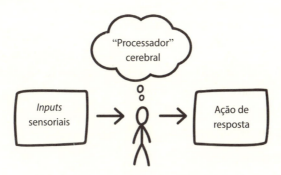

Figura 9.1 Processamento de *inputs* sensoriais

O que é TPS?

Para algumas crianças, o processamento sensorial não se desenvolve de forma eficiente e elas podem ser excessivamente sensíveis a certos estímulos (*hipersensíveis*) ou ter pouca sensibilidade a eles (*hipossensíveis*). Isso pode causar dificuldades e afetar a vida diária, a aprendizagem, o comportamento e a vida social. Acredita-se que 5% das crianças (uma em cada vinte) têm distúrbios de processamento sensorial quando apresentam dificuldades com um ou múltiplos sentidos. O TPS em geral ocorre concomitantemente com outras condições, como TEA, TDAH, Síndrome de Tourette ou dispraxia, mas também pode ser observado em crianças que não apresentam outras dificuldades.

O TPS é mais comumente observado em crianças, mas acredita-se que os adultos ainda possam tê-lo, mas desenvolvam estratégias de enfrentamento ou evitação para compensar suas dificuldades.

Até hoje eu compro roupas com base primeiro na sensação que o material delas me causa.

A autora

Como o TPS é diagnosticado?

No momento, o TPS não é reconhecido como um diagnóstico médico à parte, mas os médicos podem diagnosticá-lo juntamente com outra condição concomitante.

Pontos fortes comuns

Hipersensível

- Está ciente de uma gama maior de informações sensoriais;
- Pode captar detalhes extras que outros não percebem;
- Pode ter maior capacidade de identificar materiais pelo cheiro ou tato;
- Naturalmente cauteloso.

Hipossensível

- Corajoso e aventureiro;
- Pode parecer estoico, já que tem uma alta tolerância para desconforto;
- Pode ter boa projeção de voz;
- Pode ser bom em determinados esportes. Treinará com afinco;
- Tentará coisas novas e procurará abordagens diferentes.

Indicadores comuns (aspectos negativos)
Hipersensibilidade

Alunos hipersensíveis ficam irritados e ansiosos quando os estímulos físicos se tornam intensos demais para eles (por exemplo, em multidões ou em atividades em grupo). Eles podem tentar fugir apressadamente de um lugar barulhento e apinhado se a carga sensorial for muito alta e sentirem que não conseguem lidar com ela. A Tabela 9.1 mostra algumas reações típicas aos estímulos sensoriais.

Tabela 9.1 Estímulos e suas respectivas reações em alunos com TPS hipersensíveis

ESTÍMULO	REAÇÃO
Luz	Tenta evitar luz do sol intensa, protege os olhos e procura por sombra. A iluminação forte da sala de aula, especialmente se for fluorescente, pode causar angústia e dores de cabeça.
Som	É perturbado por ruídos altos. Certos tons, em geral notas agudas, podem provocar grande desconforto. Não gosta de zumbidos de luzes ou equipamentos elétricos, pois incomodam e dificultam a concentração. Conversa em segundo plano pode ser igualmente incômoda.
Toque	Evita certas texturas nas roupas. As etiquetas nas roupas podem irritar. Não gosta de ser tocado por outras pessoas, mesmo que levemente. Pode apresentar baixa tolerância à dor.
Temperatura	Pode ser muito sensível à temperatura e às mudanças de tempo. Pode sentir-se desconfortável tanto em condições quentes como frias.
Cheiro	Considera certos odores muito desagradáveis e podem provocar náuseas. Exemplos são tintas, produtos químicos, preparação do almoço, perfumes.
Paladar	Alguns sabores são muito fortes e desagradáveis – gosta de alimentos insossos, pode parecer ter um paladar exigente, evita certos alimentos e pode preferir comidas cruas e crocantes às cozidas. Algumas texturas de alimentos são desagradáveis.
Movimento Postura Coordenação	Pode ter medo de equipamentos de ginástica e de altura. Muito cauteloso, evita riscos. Pode ter enjoo do movimento (enjoo de viagem) ou sofrer de vertigens.
Interno	Pode queixar-se de dores internas e dores de barriga.

Se os professores estiverem atentos aos alunos hipersensíveis e aprenderem quais são os seus principais problemas, poderão ajudar a minimizar a exposição dos alunos a esses estímulos e, assim, contornar situações difíceis e estressantes. Situações estressantes podem ser:

- Corredores movimentados na mudança de aulas;
- Vestiários para esportes;
- Acessar as áreas dos banheiros;
- O refeitório;
- Aglomerações;
- Aulas de dança, educação física ou teatro;
- Salas de aula com iluminação forte;
- Barulho e agitação em certas áreas da escola, especialmente em horários não estruturados, como intervalo do recreio e hora do almoço;
- Ônibus escolar e transporte público.

Hipossensibilidade

Alunos hipossensíveis precisam de mais estímulos para reagir e não raramente ficam muito inquietos para induzir *feedback* sensorial de seus músculos. Às vezes são chamados de *exploradores sensoriais*. Alguns alunos terão diminuição do *feedback* dos músculos e tendões e dos receptores de equilíbrio e, portanto, podem ter dificuldades de coordenação motora grossa ou fina. Eles frequentemente agitam os membros para aumentar a consciência muscular. Podem mascar chiclete, se for permitido, ou chupar outros objetos ou materiais, muitas vezes as mangas das roupas. Podem apoiar-se nos colegas ou estabelecer algum contato físico mais brusco, como esbarrar, empurrar, acotovelar. Gostam de brincadeiras violentas e estão mais suscetíveis a acidentes. A Tabela 9.2 mostra algumas dificuldades e reações típicas.

Tabela 9.2 Estímulos e suas respectivas reações em alunos com TPS hipossensíveis

ESTÍMULO	REAÇÃO
Luz	Gosta de luzes brilhantes e imagens coloridas piscantes. Gosta de programas de computador interativos.
Som	Gosta de música alta e som de fundo. Pode falar alto e gritar.
Toque	Gosta de um toque firme e forte. Pode brincar de forma consideravelmente brusca com os outros. Alta tolerância à dor, portanto pode sofrer pequenos ferimentos e não se preocupar. Gosta de ficar bem enrolado em um cobertor pesado para relaxar.
Temperatura	Pode ser menos sensível à temperatura externa.
Cheiro	Gosta de cheiros fortes e procura determinados odores.
Paladar	Gosta de sabores fortes de comida, como pimenta.
Movimento Postura Coordenação	Pode ter habilidades motoras finas deficientes para certas tarefas, como escrever. Pode ser bastante descoordenado e parecer desajeitado se os músculos e o *feedback* de movimento dos sensores forem menos eficientes. Não consegue ficar parado; irrequieto. Busca *feedback* sensorial, então pulará ou girará e correrá riscos. Não fica tonto facilmente.
Interno	Pode não sentir fome ou sede automaticamente, por isso precisa ser lembrado periodicamente de beber ou comer.

Abordagem global

- Para o aluno *hipersensível*, aprenda a quais estímulos ele é hipersensível e quais lhe causam incômodo. Esteja alerta às mudanças em seu comportamento quando se sentirem ansiosos ou desconfortáveis. Seja solidário e tente encontrar maneiras de evitar ou reduzir estímulos problemáticos para o aluno;
- Em relação ao aluno *hipossensível*, esteja ciente da hipossensibilidade do aluno e converse com ele sobre como aumentar o *feedback* sem atrapalhar a aula;
- Faça com que o aluno com TPS saiba que você o compreende;

- Professores de sala de aula individuais podem ajudar a facilitar a vida de um aluno com TPS, mas é melhor quando há uma abordagem para toda a escola, proporcionando apoio coordenado ao longo do dia.

Estratégias de sala de aula
Alunos hipersensíveis

Dependendo do problema do aluno, algumas estratégias possíveis podem ser descritas a seguir. Algumas precisariam de uma abordagem para toda a escola.

- Tente avisar o aluno com antecedência se há previsão de um ruído alto (por exemplo, o alarme de incêndio disparando);
- Permita que usem protetores de ouvido, quando estiverem trabalhando silenciosamente, para remover ruídos de fundo, ou permita que ouçam música baixa com fones de ouvido;
- Tente evitar salas de aula ou áreas com iluminação forte. Existe um local alternativo? Eles podem se sentar um pouco mais distantes do brilho?;
- Verifique se algum material utilizado nas aulas de educação física, como toucas ou caneleiras, são desagradáveis ao aluno. Da mesma forma, os jalecos ou óculos das aulas de ciências estão causando desconforto? Se sim, há uma alternativa? Cortar etiquetas ásperas das roupas ajudará;
- Permita uma ligeira variação no uniforme se os materiais irritarem;
- Esteja atento a cheiros como pintura recente, preparação de alimentos e produtos químicos no laboratório de ciências. Tente manter as janelas abertas e permita que o aluno se sente perto de uma janela ou porta aberta. Alguns alunos gostam de ter um lenço com um odor agradável e familiar para cheirar;
- O aluno pode preferir sentar-se na extremidade da fileira para se sentir menos "preso" ou "espremido" por seus colegas;

- Esportes individuais podem ser mais recomendáveis do que esportes em equipe. Natação, dança, artes marciais, ciclismo, caiaque. Tente encontrar um esporte para o aluno se divertir e no qual se destacar;
- Você consegue criar uma área tranquila dentro da sala de aula?
- Permita que saiam das aulas um pouco mais cedo para evitar corredores apinhados;
- Observe a organização da área do refeitório. Existe uma área tranquila? Seria possível comerem em outra sala com apenas alguns outros alunos?;
- Eles poderiam ser dispensados de situações em que haja aglomeração?

Visão de dentro

A razão pela qual gosto de usar constantemente meus fones de ouvido é que me acalma saber que sempre tenho um método de regulação sensorial ao qual recorrer quando as coisas dão errado.

Mensagem de uma aluna a seus professores.

Alunos hipossensíveis

As estratégias de sala de aula variam dependendo das necessidades do aluno, mas aqui estão algumas sugestões:

- Permita pausas regulares para movimentar-se em aula;
- Incentive a mudança regular da posição do corpo e o alongamento rápido dos músculos;
- Introduza aquecimentos físicos antes das aulas, como saltos em forma de estrela, apertos de mão, corrida sem sair do lugar. Isso aumenta a consciência corporal e o fluxo sanguíneo;
- Deixe-os se sentarem na extremidade de uma fileira para que a inquietação e a necessidade de se levantar e se abaixar distraiam menos os outros;

- Permita o uso de um brinquedo antiestresse para apertar e aumentar o *feedback* muscular;
- Tente deixá-los usar uma faixa elástica de borracha ao redor dos tornozelos ou uma das pernas e uma perna da cadeira para que o aluno possa puxá-la para obter *feedback*;
- Dirija-se ao aluno claramente pelo nome antes de fazer uma pergunta, pois isso fará com que ele volte a ouvir;
- Mude de atividades com frequência;
- Converse com eles e com toda a turma sobre espaço pessoal;
- Alguma atividade física supervisionada antes do início do dia escolar ou na hora do almoço é útil, se for possível;
- O aluno pode se beneficiar da consulta a um fisioterapeuta periodicamente para receber exercícios de coordenação muscular e equilíbrio (por exemplo, trabalhar em sala de aula com uma bola suíça, também conhecida como bola de pilates, ou um disco de equilíbrio, se houver baixa coordenação muscular);
- Esteja ciente de que as aulas de educação física podem ser difíceis devido à má coordenação e podem ocorrer lesões;
- Incentive esportes individuais, como artes marciais, natação, atletismo, ginástica, dança;
- Os professores de ciências devem estar atentos a quaisquer alunos que tenham dificuldades de coordenação motora por razões de segurança;
- Verifique a organização da área do refeitório. Se os alunos tiverem que carregar bandejas cheias de comida e água, pode ser aconselhável implementar um sistema de camaradagem;
- Esteja ciente de que a caligrafia pode ser afetada[32].

A maioria dos alunos com TPS aprenderá a lidar com suas dificuldades e se desenvolverá bem. Professores e escolas solidários podem tornar seus anos escolares menos estressantes e mais felizes.

---

32. Cf. capítulos 4 e 5.

O apoio escolar pode ser bastante aprimorado quando existe uma boa comunicação com os pais do aluno, para que as preocupações possam ser transmitidas e seja implementado suporte adicional.

— — Pontos-chave — — — — — — —

* Processamos informações a partir dos nossos órgãos dos sentidos, dando-nos consciência do que nos rodeia e a capacidade de reagir;
* Temos muitos sentidos: visão, audição, olfato, paladar, tato, temperatura, equilíbrio, movimento, posição corporal. Há também sensações internas como fome, sede ou necessidade de urinar;
* 5% das crianças apresentam transtorno de processamento sensorial;
* Crianças hipersensíveis são bastante sensíveis a certos estímulos;
* Crianças hipossensíveis têm baixa capacidade de resposta a determinados estímulos;
* Uma abordagem solidária e adaptações simples na sala de aula podem tornar a vida das crianças com TPS muito mais feliz.

10
Transtorno obsessivo-compulsivo (TOC)

* O que é TOC?
* Como o TOC é diagnosticado?
* Como o TOC é tratado?
* Como posso identificar um aluno com TOC?
* Pontos fortes comuns
* Indicadores comuns (aspectos negativos)
* Abordagem global
* Estratégias de sala de aula
* Fora da sala de aula
* Abordagem para toda a escola
* Suporte individual
* Pontos-chave

O que é TOC?

O TOC é uma condição psicológica. É classificado em um grupo de transtornos em que as pessoas experimentam pensamentos, impulsos, dúvidas e imagens e precisam realizar comportamentos repetitivos para obter alívio temporário. O TOC afeta meninos e meninas em idade escolar. Cerca de 1 a 2% das crianças são diagnosticadas com TOC.

Acredita-se que o TOC esteja relacionado a mudanças na química do cérebro. Um aluno com TOC necessitará de apoio e compreensão consideráveis, uma vez que a condição pode ter um impacto grave na vida escolar, no desempenho acadêmico e nos relacionamentos.

A gravidade do TOC varia de leve, que pode passar despercebida, a muito grave, quando o aluno pode achar quase impossível sair de casa e pode precisar receber educação domiciliar durante um tempo.

Não se sabe inteiramente o que causa o TOC, mas pode ocorrer numa mesma família, sugerindo que exista uma ligação genética. Fatores ambientais como doenças ou eventos estressantes na vida de uma criança também podem contribuir para a manifestação do TOC.

O TOC geralmente ocorre junto com outras condições, como depressão, TDAH e TEA. Às vezes, são essas outras condições que são identificadas primeiro.

É importante que os professores compreendam o TOC e como melhor auxiliar um aluno que tem esse distúrbio confuso e debilitante. Muitas vezes o TOC não é diagnosticado até que se passe algum tempo e geralmente não é bem compreendido.

De onde vem o nome?

Obsessões são pensamentos, imagens, impulsos e dúvidas indesejados que são involuntários, intrusivos e irracionais, mas muito genuínos, e que causam grande estresse e ansiedade. Normalmente, isso pode incluir medo intenso de doenças ou visões de entes queridos sendo mortos ou feridos.

Compulsões são ações ritualísticas e repetitivas que são realizadas para tentar evitar que os terríveis medos se tornem realidade. Às vezes, essas ações podem parecer bizarras, como repetir frases ou rotina ou evitar pisar em rachaduras na calçada, mas a pessoa sente que é vital realizar esses rituais para evitar que suas temidas desgraças ocorram.

Tanto as obsessões quanto as compulsões são parte da condição do TOC.

Ciclo do TOC

Satisfazer as compulsões exige tempo e energia e proporciona apenas alívio temporário dos pensamentos obsessivos (Figura 10.1). O indivíduo com TOC também pode tentar evitar certas situações que considera potencialmente perigosas. Isso pode afetar a pontualidade, o desempenho e os relacionamentos.

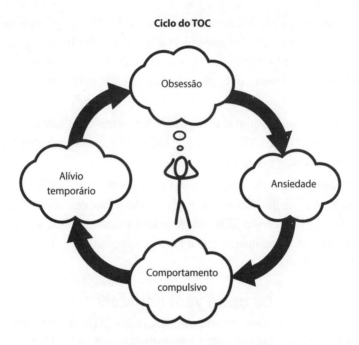

Figura 10.1 Ciclo do TOC

Como o TOC é diagnosticado?

O TOC frequentemente é subdiagnosticado. Por se tratar de um distúrbio psicológico, um psiquiatra especialista em crianças e adolescentes normalmente diagnosticaria o TOC em jovens em idade escolar. Muitas vezes, é um processo longo, pois essa avaliação teria o encaminhamento de um clínico geral.

Como o TOC é tratado?

Foi demonstrado que o tratamento a longo prazo mais eficaz para o TOC é a terapia cognitivo-comportamental (TCC). Trata-se de uma forma de "retreinar" o cérebro para pensar de forma diferente sobre as obsessões e resistir às compulsões. É um processo demorado e cansativo, mas pode ser bem-sucedido. A cura completa é improvável, mas os indivíduos podem aprender a controlar os sintomas do TOC e viver uma vida relativamente normal.

Às vezes também é administrada medicação. Isso geralmente ocorre para aumentar a atividade das substâncias químicas do cérebro (neurotransmissores). Esse recurso pode reduzir a ansiedade e permitir que o aluno estude melhor e se sinta mais capaz de enfrentar a TCC.

Aprender técnicas de relaxamento ou ioga também pode ser útil para algumas pessoas.

Como posso identificar um aluno com TOC?

Procure por um aluno consciencioso e que pareça excessivamente ansioso e preocupado. Ele pode ser perfeccionista e muito meticuloso com ordem e arrumação.

Pode se atrasar para as aulas ou ter que deixar a aula em um estado perturbado. Pode ir ao banheiro com frequência ou ter aversão a compartilhar materiais ou equipamentos. Podem ocorrer lapsos de concentração. Pode mostrar aversão a multidões e manter-se afastado dos outros.

Muitos alunos ficam envergonhados com o TOC que têm e tentam esconder os sintomas para evitar serem ridicularizados. Há uma série de diferentes indicadores, dependendo das obsessões e compulsões do aluno. A seguir, estão algumas das características mais comuns.

Pontos fortes comuns

ASPECTOS POSITIVOS

Como o TOC afeta alunos de todos os tipos e capacidades acadêmicas, é difícil generalizar onde se situam seus pontos fortes. Muitos alunos, no entanto, mostram algumas das seguintes qualidades:

- Sensibilidade;
- Consideração e cuidado com os outros;
- Carinho com as crianças mais novas;
- Ordem e boa organização;
- Perfeccionismo – almejar alto e trabalhar duro, capacidade de produzir um trabalho excelente;
- Precisão e cuidado;
- Olho bom para detalhes;
- Talento para arte, música ou esportes.

Indicadores comuns (aspectos negativos)

ASPECTOS NEGATIVOS

Algumas das obsessões e compulsões mais comuns que os alunos podem demonstrar são apresentadas na Tabela 10.1. Os sintomas variam amplamente, de modo que o aluno pode apresentar apenas alguns desses indicadores.

Tabela 10.1 Obsessões e compulsões decorrentes do TOC

OBSESSÃO	COMPULSÃO
Contaminação: medo irracional de sujeira e germes	Lavagem excessiva – pode tomar banho várias vezes ao dia, lavar frequentemente as mãos. Evita tocar em outras pessoas ou em itens tocados por outras pessoas, como maçanetas de portas e teclados. Limpa banheiros com lenços desinfetantes. Evita banheiros públicos se possível. Recusa-se a compartilhar alimentos ou usar utensílios de alimentação coletivos. Insiste em usar roupas limpas diariamente. Medos de roupas compartilhadas na escola, uniformes esportivos, jalecos etc.
Necessidade de certeza: preocupação e verificação excessivas	Verifica os itens várias vezes (por exemplo, a mochila escolar está com tudo que é necessário?). Relê as instruções várias vezes. Repete perguntas em aula para acalmar preocupações e buscar esclarecimentos.
Necessidade de simetria e ordem para evitar consequências	Organiza livros, canetas e materiais antes de iniciar uma tarefa. Quer sempre se sentar no mesmo lugar. Números e simetria – não gosta de números ímpares ou certos números "azarados". Gosta da rotina em sala de aula, pode entrar em pânico caso haja mudanças.
Perfeccionismo	Pode reescrever o trabalho várias vezes. O trabalho é rasurado, apagado ou rasgado por não ser considerado "bom o suficiente". Pode entregar o trabalho com atraso por tê-lo reescrito.
Perda: ansiedade pela possibilidade de faltar algo e ficar sem	Acumula itens. Tem inúmeras peças a mais.
Medo de sofrer: existe um frequente e forte receio de que entes queridos sejam feridos ou mortos	Muitas compulsões exigem a realização de certos rituais para evitar danos a si próprios ou a terceiros. Exemplos seriam: repetir uma frase definida um certo número de vezes, contar palavras numa página ou tijolos numa parede, tocar em itens numa determinada ordem. Tem superstição em relação a certos números, cores, itens, palavras.
Preocupação em machucar um amigo ou membro da família	O medo de realizar um ato violento imaginário leva à preocupação com o uso de equipamentos ou substâncias consideradas potencialmente prejudiciais (por exemplo, instrumentos cortantes, produtos químicos fortes, bicos de Bunsen).
Medos sexuais ou religiosos	Preocupa-se em realizar atos sexuais inadequados ou medo de agir como pecador. Evita interações sociais.

Uma visão de dentro

Depois de lavar as mãos na escola, eu tinha que empurrar a torneira com o pulso para não ter que tocar nela ou em qualquer outra coisa que outras pessoas pudessem ter tocado com as mãos sujas.

Extraído de Touch and go Joe: An adolescent's experience of OCD, *de Joe Wells (2021).*

Gatilhos

Algo que principia a ansiedade e um pensamento obsessivo é chamado de gatilho. Isso então conduz à percepção da "necessidade" de realizar uma rotina de comportamento ou compulsão.

Pode ser algo simples, como compartilhar um lápis ou tocar na maçaneta de uma porta, que desencadeia o medo de contaminação. Se não for possível realizar a compulsão para neutralizar o medo, isso causará grande estresse e até pânico.

Abordagem global

Trabalhe em estreita colaboração com o coordenador de necessidades educacionais especiais e aprenda sobre preocupações, padrões de comportamento e gatilhos do seu aluno. Informe-se também sobre quaisquer tratamentos a que estejam sendo submetidos, caso tal informação esteja disponível, pois isso pode afetar a aprendizagem e o comportamento em sala de aula.

Deixe claro que você acredita no aluno e em sua capacidade e que não o está julgando pelo TOC.

Seja gentil e acessível e saiba que eles podem se sentir envergonhados por suas compulsões.

Tente reservar um momento para que possam conversar com você individualmente para discutir estratégias que possam ajudá-los.

ESTUDO DE CASO: TOC

Emma vivia preocupada. Ela era perfeccionista e muitas vezes tinha que refazer o trabalho várias vezes caso cometesse um erro, o que demorava horas, e ela estava sempre cansada. Era inteligente e articulada, e apesar de ser elogiada pelos professores, raramente ficava satisfeita. Também tinha uma constante preocupação com germes e temia por sua saúde se tivesse que compartilhar materiais na aula. Tentava evitar tocar nas pessoas ou nas maçanetas das portas ou usar os banheiros da escola. Tinha medo de contaminar sua família com os germes da escola, por isso, procurava limpar todos os vestígios de "sujeira" escolar antes de retornar para casa. Ela limpava a maçaneta da porta de sua casa antes de entrar, como forma de proteger sua família. Preocupações invasivas sobre o adoecimento de sua família poderiam afetá-la ao longo do dia, dificultando sua concentração, e Emma sentia uma compulsão de realizar um ritual de batidinhas com a mão para melhorar as coisas sempre que esses pensamentos ocorriam. A preocupação constante era exaustiva.

Depois que foi diagnosticada com TOC, as coisas começaram a melhorar. Ela recebeu apoio e seus pais e professores passaram a compreender suas dificuldades. Seu diagnóstico permitiu que Emma aceitasse seu TOC e atualmente ela está tentando um treinamento de TCC, que lhe ajuda a lidar de forma mais positiva com suas preocupações e a controlar seus rituais. Ela descobriu que pode se concentrar melhor nas aulas agora que seus professores entendem e não esperam mais que compartilhe ou se sente muito perto dos outros. Seus amigos são mais compreensivos agora que ela pode falar sobre seu TOC e, portanto, está mais feliz.

Seus pais estão em contato frequente com o médico e com a escola e trabalham juntos para lhe oferecerem apoio. Ela tem providências especiais para provas agora e seu futuro parece mais promissor.

Moral da história: *Uma abordagem empática por parte da escola e a colaboração entre pais e médicos proporcionarão o melhor apoio aos alunos com TOC. Com apoio, eles podem prosperar.*

Estratégias de sala de aula

- Mantenha a calma e seja coerente em suas atitudes;
- Compreenda que as obsessões do TOC podem perturbar a concentração e causar distrações internas. Isso diminuirá o desempenho e o aluno poderá às vezes parecer desatento e ansioso;
- Esteja preparado para ouvir o aluno e levar a sério suas preocupações. Não menospreze a ansiedade deles, mas descubra se existem maneiras práticas de ajudar a aliviá-la em suas aulas;
- Deixe-os cientes de que podem conversar individualmente com você em uma horário pré-combinado;
- Lembre-se de que a maioria dos alunos com TOC deseja muito ter um bom desempenho;
- Mantenha-se descontraído e alegre – um sorriso faz maravilhas.

Planejando as aulas

- Tenha uma rotina definida para o início das aulas, pois isso é tranquilizador e proporciona estrutura e segurança;
- Deixe claro que a sala de aula é um local seguro onde se espera que todos cometam erros, pois isso faz parte da aprendizagem; essa postura pode ajudar outros alunos também;
- Descreva o objetivo da aula, a estrutura que seguirá e a forma como o tempo será dividido durante a aula;
- Avise alguns minutos antes de mudar de atividade;
- Forneça uma lista de verificação para que o aluno possa marcar as tarefas à medida que forem concluídas. Isso fornece uma estrutura segura;
- Tenha uma abordagem sensível aos receios e preocupações do aluno. Esteja ciente de possíveis situações problemáticas e tente evitar quaisquer gatilhos. Por exemplo, se tiverem medo de contaminação, não espere que compartilhem materiais ou usem jalecos de laboratório ou uniformes de treino coletivo;

- Se for necessário elaborar algum trabalho em grupo, certifique-se de escolher você mesmo os grupos ou duplas cuidadosamente.

Assentos

- Uma disposição dos assentos em fileiras pode ser menos estressante do que fazer os alunos sentarem-se em torno das carteiras de frente uns para os outros. Comportamentos compulsivos também têm menos probabilidade de serem notados e comentados pelos colegas;
- Deixe o aluno sentar-se na extremidade da fileira e não no meio, assim ele se sentirá menos preso;
- Se eles tiverem mesas ou carteiras separadas, tente deixar espaço ao redor delas, se possível;
- Permita que usem a mesma carteira em cada aula;
- Deixe uma rota de saída livre até a porta, caso precisem sair;
- Deixe-os sentar-se numa posição em que você possa manter contato visual. Isso permite monitorá-los sem chamar atenção indevida. Você pode verificar se eles estão distraídos ou inquietos. Eles também poderão sinalizar discretamente se a ansiedade estiver aumentando ou se precisarem sair da sala;
- Há algum colega numa sala próxima que possa ajudá-lo com o aluno ou com o restante da turma, caso o aluno fique muito irritado ou caso sua ansiedade cause uma "explosão"?

Correção da lição de casa

- Ofereça *feedback* positivo sempre que possível;
- Seja construtivo em seus comentários;
- Não dê muita ênfase a notas;
- Recompense o esforço e o progresso;
- Celebre o bom trabalho.

Lidando com compulsões nas aulas

- Se forem eventos relativamente menores, você pode ignorá-los em vez de chamar a atenção para o aluno, desde que não causem perturbação;
- Esteja atento a quaisquer novos padrões de comportamento incomuns e repetitivos: podem ser novas compulsões. É importante repassar a informação ao coordenador de necessidades educacionais especiais ou mentor;
- Esteja atento a sinais de aumento de estresse. Tente abrandar a situação, se possível – isso pode ser suficiente, mas pode ser necessário que o aluno saia da aula para ir até a pessoa e local designados na escola.

Lição de casa

Esteja ciente de que alunos com TOC podem demorar muito mais para concluir um trabalho do que seus colegas. Isso pode dever-se a um comportamento compulsivo, como deixar tudo "perfeito", para então dar início. Alternativamente, eles podem estar insatisfeitos com o trabalho; então, recomeçam-no várias vezes. Outras compulsões incomuns, como contar cada palavra de uma página antes de virá-la, também podem prejudicar gravemente o progresso.

- Defina quantidades pequenas de lição de casa para que sejam administráveis;
- Distribua instruções escritas tanto para a lição de casa quanto para o trabalho em sala de aula;
- Jamais repreenda o aluno na aula por atrasar a lição de casa ou entregá-la incompleta;
- Reserve mais tempo para que tarefas mais longas sejam concluídas e peça para ver pequenas seções dentro de um prazo acordado;
- Permita o uso de tecnologia assistiva, quando apropriado;
- Tente ser flexível, principalmente se o aluno estiver passando por sessões de TCC. Elas podem ser exaustivas e talvez seja

melhor abolir ou reduzir bastante a lição de casa durante esse período.

Feedback **positivo, celebrando o sucesso**

- Elogiar é importante para todos os alunos, mas especialmente para indivíduos com TOC, que sofrem muito com insegurança;
- Reconheça o esforço e o progresso;
- Se o aluno tiver um talento específico, tente encontrar oportunidades ocasionais para deixá-lo usufruir dessa habilidade e brilhar, pois isso faz bem à sua autoconfiança;
- Reconheça que resistir a compulsões também é um grande sucesso. Se você está ciente de que estão fazendo isso, um discreto elogio será muito bem-vindo.

Constrangimento com colegas

Os alunos muitas vezes ficam envergonhados e não querem perder prestígio diante dos outros, por isso é muito importante que você não chame atenção indevida para eles ou para quaisquer padrões de comportamento incomuns que possam apresentar.

- Não provoque o aluno nem zombe do seu comportamento, mesmo que de uma forma descontraída;
- Não tolere provocações ou comentários negativos de seus colegas;
- Se chegarem atrasados para uma aula, deixe-os entrar calmamente e sem críticas. Pode ser que tenham tido que satisfazer uma compulsão demorada no caminho;
- Converse com o aluno e desenvolva um sinal que ele possa usar caso sinta necessidade de sair da sala devido ao aumento do pânico;
- Saiba qual deve ser o procedimento caso deixem por conta própria a sala de aula. Devem se dirigir à "pessoa segura" ou a um lugar tranquilo como a biblioteca? Passar apenas algum

tempo fora da sala pode ser suficiente para recuperar o controle e para que possam voltar e continuar;
- Deixe-os sair da sala alguns instantes antes do fim da aula para reduzir o estresse causado por corredores lotados ou vestiários.

Comentários típicos de alunos com TOC

"Minhas obsessões e compulsões realmente afetam a escola. Quando pensamentos assustadores surgem na minha cabeça, é muito difícil me concentrar e fico com muito medo. Tudo o que consigo pensar é que preciso fazer meus rituais o mais rápido possível, caso contrário, algo ruim vai acontecer."

"Não consigo acompanhar o trabalho e não consigo relaxar tanto com meus amigos por causa dos meus pensamentos e rituais."

Obrigada à Dra. Amita Jassi, psicóloga clínica chefe do National Specialist OCD Clinic, Londres.

Provas[33]

Os sintomas do TOC tendem a piorar em momentos de estresse e, portanto, alunos com TOC podem achar os períodos de provas especialmente difíceis. Para exames públicos, o coordenador de necessidades educacionais especiais e o responsável pela aplicação do exame seguirão o conselho do médico do aluno. Pode ser que algumas providências especiais sejam permitidas, tais quais:

- Tempo extra para aliviar a ansiedade;
- Pausas para descanso, caso o aumento da tensão se intensifique demais;
- Um local separado e tranquilo para realizar a prova.

---

33. Cf. capítulo 13.

Para provas internas, devem ser seguidos os conselhos do médico e do coordenador de necessidades educacionais especiais. Pode ser que o aluno faça trabalhos modificados e fique separado dos demais alunos.

Fora da sala de aula

A vida escolar pode representar uma grande fonte de desgaste para alunos com TOC e eles podem se sentir preocupados e ansiosos em vários momentos do dia. Cada aluno com TOC é diferente e seus gatilhos e ansiedades variam. As formas de auxiliá-los também irão diferir e uma abordagem flexível é essencial. A seguir, estão apenas algumas sugestões.

Recreio e intervalos de almoço

Esses períodos agitados e não estruturados podem ser particularmente difíceis, ainda mais se o aluno se preocupa com a proximidade de outras pessoas ou se sente ansioso por ocasiões imprevisíveis. Eles podem ficar mais contentes indo à biblioteca ou tendo uma função específica em um clube supervisionado.

Pequenos ajustes no quadro de horários, como ir almoçar um pouco mais cedo com um amigo, podem ser úteis para evitar multidões. A lancheira é uma alternativa à merenda escolar?

Aulas de educação física

Os esportes de contato podem ser muito difíceis para alguns alunos. Incentivá-los a ajudar com uma função oficial, como árbitro, gandula ou fotógrafo, pode ser uma forma de envolvê-los sem que tenham que participar da partida em si.

Vestiários lotados e o kit de educação física sujo podem causar ansiedade. Permitir que o aluno se troque alguns minutos antes ou em um local diferente pode ajudar.

Ciências, educação tecnológica e culinária

Usar instrumentos afiados, produtos químicos fortes ou acender fornos ou bicos de Bunsen podem ser extremamente preocupantes. Se for esse o caso, é importante uma abordagem solidária por parte do professor. Pode ser o momento de contar com um bom amigo – se o aluno tiver um parceiro que o apoie, os trabalhos podem ser divididos com sensibilidade entre eles.

Mais comentários típicos de alunos com TOC

"Eu sempre me meto em problemas por não ouvir."

"Algumas outras crianças da minha escola implicam comigo porque percebem quando estou fazendo meus rituais... Eu tento controlá-los, escondê-los ou procuro não pensar nisso – mas é muito difícil."

"Tem dias que não vou à escola e finjo que estou doente ou chego muito tarde porque o meu TOC me atrasa de manhã."

Obrigada à Dra. Amita Jassi.

Apoio individual

Cada aluno com TOC precisará de apoio e monitoramento cuidadosos para que se sintam valorizados e alcancem todo seu potencial na escola.

Um *mentor adulto* pode ser vital para o bem-estar e a felicidade de um aluno, fornecendo apoio contínuo e oferecendo encorajamento e elogios. O mentor pode manter um canal de comunicação com os pais do aluno e, desde que os pais estejam dispostos, o mentor pode atualizar o corpo docente relevante sobre o tratamento e a gravidade dos sintomas do TOC, uma vez que estes podem variar.

Baixa autoestima e depressão são dificuldades comuns no TOC e, por isso, é importante reconhecer o sucesso e o progresso.

Um *professor de apoio* pode ajudar o aluno a elaborar estratégias de enfrentamento para acompanhar o trabalho e sobreviver ao dia escolar. O aluno pode então se sentir valorizado e apoiado em sua batalha contra o TOC.

Professores sensíveis e solidários podem fazer uma grande diferença na vida de um aluno que luta contra o TOC.

Abordagem para toda a escola

Problemas psicológicos muitas vezes não são discutidos tão abertamente como problemas físicos, e a família ou o próprio aluno podem relutar em compartilhar a informação com a escola. Existem questões de confidencialidade, e os desejos do indivíduo e da família vêm em primeiro lugar.

Contudo, é muito mais fácil para a escola oferecer apoio se houver um diálogo aberto com o aluno, seus pais e o médico. Se a diferença de aprendizagem tiver sido formalmente diagnosticada e o aluno e a família estiverem satisfeitos com o envolvimento da escola, é muito mais eficaz trabalhar em conjunto como uma parceria.

É de vital importância não constranger o aluno na frente dos colegas, e uma estrutura de apoio deve ser criada para ajudá-lo a sentir-se seguro e protegido.

A uniformidade entre todos os funcionários sobre as regras de comportamento esperadas é importante e tornará muito mais fácil para o aluno e a equipe trabalharem juntos. O ideal é que na escola haja:

- Uma pessoa segura designada (mentor) que se encontre regularmente com o aluno;
- Uma forma de o aluno entrar em contato com seu mentor caso surja algum problema durante o dia;
- Um local tranquilo designado para onde o aluno possa se dirigir, se precisar, durante o dia;
- Um procedimento claro para informar a secretaria da escola ou o mentor, caso aconteça algum problema;

- Estreita cooperação entre a escola e os pais e o médico do aluno para que a escola possa ser alertada sobre quaisquer mudanças no tratamento;
- Confidencialidade – respeitando os desejos do aluno e da família;
- Conscientização dos funcionários sobre a possibilidade de *bullying* e tolerância zero em relação a ele.

Questões relativas à lição

Todos os professores e assistentes de sala devem saber:

- O aluno tem alguma outra dificuldade de aprendizagem?
- Eles se qualificam para tempo extra ou intervalos para descanso em provas?
- Eles podem usar um processador de texto para tarefas e provas em vez de escrever à mão?
- Existem providências especiais relativas às lições de casa?
- Eles têm aulas individuais de apoio à aprendizagem?
- Quem deve ser contatado se o aluno tiver que abandonar a aula devido a estresse ou ataque de pânico?
- Existe um local específico para onde o aluno possa ir se tiver que sair de uma aula?
- Existe algum colega numa sala próxima que possa ajudá-lo com o aluno ou com o restante da turma se o aluno ficar muito irritado ou se sua ansiedade causar uma "explosão"?

Questões médicas

Sempre que possível, os professores devem estar cientes do atual tratamento médico do aluno, pois isso pode afetar o comportamento em sala de aula e o nível de cansaço. Isso dependerá da família e do aluno concordarem em compartilhar informações médicas.

Educação Pessoal, Social e de Saúde (PSHE)

Pode ser muito útil discutir com turmas inteiras da escola uma variedade de questões que se aplicarão a muitos alunos, mas que serão especialmente pertinentes para aqueles com TOC e outras dificuldades psicológicas:

- Abraçar as diferenças individuais;
- Amizade;
- Tolerância;
- *Bullying*;
- Ansiedade;
- Depressão;
- Técnicas de relaxamento;
- Com quem conversar na escola sobre preocupações – o apoio oferecido pela escola;
- Quem está presente para aconselhar e ajudar fora da escola – médicos, terapeutas, psicólogos;
- Problemas de saúde mental.

— — Pontos-chave — — — — — — —

★ O TOC é uma condição psicológica em que uma pessoa experimenta pensamentos perturbadores recorrentes e repete certos comportamentos repetitivos;

★ As obsessões são medos irracionais que ocorrem espontaneamente e são desagradáveis ou assustadores para o aluno;

★ As compulsões são rituais que o indivíduo sente que deve realizar para impedir que o medo se concretize;

★ O TOC afeta de 1 a 2% da população em idade escolar e ocorre igualmente em meninas e meninos. A gravidade pode variar;

★ Alunos com TOC grave terão muita dificuldade em gerir a vida escolar, o trabalho e as amizades;

* Muitos indivíduos que sofrem de TOC tentarão manter isso em segredo;
* Se o TOC for diagnosticado, a escola precisa trabalhar em conjunto com os pais e os médicos do aluno para manter o nível correto de apoio;
* O TOC pode ser controlado e em grande parte contornado com terapia e ajuda médica;
* Professores solidários que compreendem a doença podem fazer uma enorme diferença na vida e no sucesso dos alunos que lutam contra o TOC.

11
Tiques e Síndrome de Tourette

* O que são tiques?
* O que é Síndrome de Tourette (ST)?
* Como a Síndrome de Tourette é diagnosticada?
* Pontos fortes comuns
* A Síndrome de Tourette pode ser curada?
* O que piora o quadro?
* Abordagem global
* Estratégias de sala de aula
* Abordagem para toda a escola
* Pontos-chave

O que são tiques?

Tiques são movimentos repetitivos, descontrolados e involuntários do corpo, ou sons emitidos (Figura 11.1).

Esses movimentos involuntários são causados por diferenças neurológicas (do cérebro) nas áreas que controlam o movimento ou a fala. Alguns tiques são ações simples, enquanto outros podem ser mais complexos.

Os tiques podem mudar com o tempo, muitas vezes aparecendo e desaparecendo na vida de um indivíduo. Isso é chamado de *aumento* e *diminuição*. Muitos adultos relatam que seus tiques melhoram na idade adulta, mas ainda podem se tornar problemáticos em situações estressantes.

Tiques internos

Os tiques também podem ocorrer internamente, como tensão dos músculos abdominais ou do estômago. Podem ser desconfortáveis ou dolorosos.

Sensações premonitórias

Algumas pessoas sentem uma vontade antes de um tique que pode ser comparada à sensação que você tem antes de espirrar. Essas sensações só são aliviadas com a satisfação do tique.

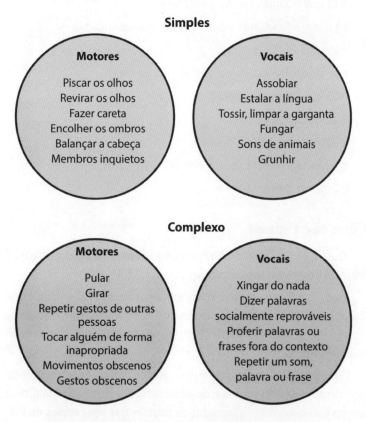

Figura 11.1 Tipos de tiques

As sensações incluem queimação nos olhos antes de piscar, garganta seca antes de grunhir e coceira nos músculos antes de movimentá-los. Alguns relatam que a pele de todo o corpo está coçando ou que o sangue parece estar correndo quente nas veias.

Para outros, os tiques ocorrem sem aviso prévio.

O que é Síndrome de Tourette (ST)?

A Síndrome de Tourette também é conhecida simplesmente como Tourette ou ST. É uma condição em que há uma combinação de tiques vocais e motores que ocorrem há mais de doze meses.

De onde vem o nome?

Tourette ou Síndrome de Tourette recebeu o nome do neurologista francês Georges Gilles de la Tourette, que descreveu esse distúrbio pela primeira vez em 1885.

As crianças que nascem com a Síndrome de Tourette geralmente começam a manifestar os sintomas por volta dos cinco ou seis anos de idade. Cerca de uma em cada cem crianças é afetada, sendo diagnosticado um número maior de meninos. Muitas vezes, ocorre numa mesma família.

Como é diagnosticada a Síndrome de Tourette?

Para que a ST seja diagnosticada por um médico, os tiques devem estar presentes há pelo menos doze meses e devem incluir tanto tiques vocais quanto motores. Não há um teste único para ST.

Como a ST às vezes pode ser confundida com outras condições, como a epilepsia, um neurologista especialista pode realizar uma ressonância magnética para eliminar outras causas.

Palavrões involuntários ou gritos de obscenidades costumam ser a característica que as pessoas associam à ST, mas é relativamente rara, afetando apenas cerca de 10 a 20% dos indivíduos com Tourette. Isso é chamado de *coprolalia*.

Da mesma forma, numa minoria de casos, pode haver gestos ou toques inapropriados. Isso recebe o nome de *copropraxia*.

Condições co-ocorrentes

Estima-se que aproximadamente 85 a 90% das crianças com ST apresentem condições concomitantes, como TDAH, TOC, ansiedade, problemas de sono ou dificuldades de processamento sensorial (TPS). Para algumas crianças, essas condições agravam muito seus problemas na escola.

Pontos fortes comuns

- Faixa normal de inteligência;
- Desejo de ter sucesso;
- Resiliência;
- Perseverança;
- Humor;
- Criatividade.

A Síndrome de Tourette pode ser curada?

Não existe uma cura milagrosa para a ST, mas para algumas pessoas o número e a gravidade dos tiques diminuem na idade adulta. Os tiques geralmente mudam com o tempo. Mesmo que os tiques não diminuam por completo, indivíduos com ST podem aprender a viver uma vida feliz e bem-sucedida.

Suprimindo tiques

Crianças mais velhas podem aprender como suprimir ou controlar os tiques e torná-los menos óbvios. Às vezes, conseguem fazer isso por um tempo, mas é muito cansativo e requer muito esforço e concentração. Imagine tentar parar um espirro ou tentar parar de se coçar durante uma coceira. É realmente difícil pensar em qualquer outra coisa enquanto se faz isso, e concentrar-se totalmente em uma lição é quase impossível. Pode haver um aumento gradual de pressão quando os tiques são suprimidos e, eventualmente, eles precisam ser desafogados. Às vezes, as crianças melhoram a supressão de tiques quando estão na escola, mas quando chegam em casa, terão uma necessidade excessiva de extravasá-los.

Uma visão de dentro

A Síndrome de Tourette representou muitas barreiras à aprendizagem ao longo dos meus anos escolares. Gastei tanto tempo, foco e energia suprimindo meus tiques para me "encaixar" que perdi o prazer da escola, minha energia estava baixa, minha memória estava fraca e não sentia que poderia ser eu mesmo.

Ione Georgakis, terapeuta ocupacional do CAMHS e principal defensora do Tourettes Action.

Terapia de reversão de hábitos

Algumas crianças podem ser ensinadas a substituir uma ação de tique por um movimento ou som/palavra diferente. Por exemplo, às vezes uma palavra obscena pode ser trocada por outra diferente ou um gesto pode ser modificado. Isso pode exigir muito esforço e nem sempre é possível.

Prevenção de exposição e resposta (PER)

Isso envolve aprender maneiras de suportar os sentimentos anteriores aos tiques até que eles diminuam sem que o tique seja executado.

Intervenção comportamental abrangente para tiques

Esse é um tratamento mais abrangente e realizado por um terapeuta especialista. Inclui uma combinação de técnicas de relaxamento, compreensão e prevenção de gatilhos, além de terapia de reversão de hábitos.

Medicação

Medicação pode ser prescrita, mas geralmente como último recurso. Muitas vezes, será dada para ajudar com o "pacote" de condições concomitantes. Pode levar algum tempo para encontrar a medicação e a dose corretas.

O que piora o quadro?

- Estresse e pressão;
- Preocupação;
- Cansaço;
- Lugares movimentados e sensação de estar cercado;
- Constrangimento;
- Chamar a atenção para os tiques de um aluno;
- Dizer aos alunos para parar ou "segurar" os tiques;
- Fome;
- Ter que ficar parado por muito tempo.

ESTUDO DE CASO: SÍNDROME DE TOURETTE

Ahmed mudou de escola depois de sofrer *bullying* e ingressou em uma nova escola aos doze anos. Ele tinha muito talento para música e bom rendimento acadêmico. Era um menino sociável, que sabia se divertir e gostava de esportes.

Na aula, professores e outros alunos notaram alguns maneirismos ou tiques estranhos e repetitivos. Seus professores consideraram que ele estava sendo inconveniente e lhe disseram para parar. Seus colegas de classe o imitavam no início e depois passaram a fazer *bullying* com ele. As coisas ficaram ainda piores quando ele começou a fazer ruídos estranhos que lembravam um latido. A princípio, os professores pensaram que Ahmed era apenas desordeiro e ele vivia sendo repreendido. Situações de aglomeração eram especialmente difíceis para ele, pois os ruídos pareciam piorar quando os alunos deveriam ficar em silêncio. Tornou-se mais retraído e seus colegas sentiam que ele era diferente e muitas vezes o evitavam ou então zombavam dele.

Passou-se um ano em sua nova escola até que Ahmed recebesse o diagnóstico de Síndrome de Tourette. Ele começou a portar um cartão especial (passe para Síndrome de Tourette) que listava seus tiques motores e vocais. Isso fez com que se sentisse melhor, pois não precisava mais explicar sozinho seus tiques. Seus pais pediram que a turma fosse informada sobre a Síndrome de Tourette e, depois disso, seus tiques foram em sua grande maioria ignorados ou aceitos como uma parte elementar sua.

Ele continuou a se destacar na música e, ao tocar piano, seus tiques quase desapareciam. Os tiques pioravam quando estava estressado e ele recebeu concessões especiais para provas com intervalos para descanso e em uma sala separada. Hoje Ahmed está muito mais relaxado e espera que seus tiques diminuam à medida que envelhece ou seja capaz de modificá-los, mas no geral está menos preocupado. Tem amigos que gostam dele e consideram seus tiques apenas parte dele próprio. Ele espera seguir carreira na música.

Moral da história: *Esteja atento aos maneirismos ou ações repetitivas de um aluno: podem ser tiques. Eles podem desaparecer naturalmente com o tempo, mas se permanecerem ou novos se manifestarem, pode ser ST. Não chame atenção para eles e seja solidário e encorajador.*

Abordagem global

- Seja flexível, solidário e amigável em sua abordagem e permaneça positivo;
- Converse com o aluno individualmente para discutir a disposição dos assentos e o que poderia ajudá-lo nas aulas;
- Mostre que você entende sobre os tiques e reconhece que eles não podem ser controlados;
- Fique atento ao *bullying* ou a outros alunos que imitem os tiques e façam provocações.

Estratégias de sala de aula

- Não diga a um aluno para parar com seus tiques – lembre-se de que são involuntários e ele não consegue evitar;
- Não chame atenção para os tiques;
- Permita que o aluno tenha um local privado para passar por uma crise de tiques, se isso ajudá-lo;
- Permita muitas pausas para movimentar-se ao longo do dia, dando ao aluno a oportunidade de circular quando necessário;
- Procure ajudar o aluno a ser otimista;
- Tente combater a baixa autoestima e elogie e encoraje sempre que possível;
- Se o aluno e os seus pais assim desejarem, explique à turma sobre os tiques e tente reprimir qualquer atitude de *bullying* por parte dos colegas. Ensine à classe sobre o valor das pessoas e da amizade;
- Tenha sensibilidade ao organizar os assentos para um aluno com ST. Esteja ciente de seus possíveis movimentos de tique. Talvez posicionar o assento perto da porta para que eles possam sair rapidamente da sala se precisarem, ou sentá-los perto do fundo para que a atenção não seja atraída para eles;
- Dê mais tempo para completarem as tarefas, pois os tiques podem interferir na escrita ou na concentração.

Reduzindo o acúmulo de estresse e pressão

- Algumas crianças consideram um brinquedo antiestresse útil para controlar os movimentos;
- Permita que o aluno se movimente com alguma frequência e, se necessário, faça pausas regulares;
- Se o aluno estiver muito estressado e os tiques ficarem mais frequentes, ele poderá preferir retirar-se da aula para um local designado e tranquilo, como a biblioteca ou a enfermaria;
- Às vezes os tiques podem ser controlados com medicação, mas ela pode causar sonolência.

Provas[34]

- São situações estressantes que podem piorar os tiques;
- Alunos com ST devem ter seu próprio espaço para se sentirem confortáveis para liberar os tiques e não incomodar os outros. De preferência, devem estar em uma sala separada;
- Muitos alunos com ST se qualificarão para ter tempo extra nas provas, pois os tiques afetam a velocidade de escrita e a concentração;
- Se a caligrafia for afetada, eles poderão digitar as provas ou receber um escriba ou *software* de conversão de voz para texto;
- Eles também podem precisar de pausas para descanso, pois lidar com os tiques pode ser muito cansativo.

Cartão de passe para Síndrome de Tourette

Trata-se de uma identificação do tamanho de um cartão de passe com nome e foto e fornece informações sobre os tiques de um indivíduo. Tem utilizações mais amplas do que apenas na escola e pode ser uma excelente ferramenta para aumentar a autoconfiança

---

34. Cf. capítulo 13.

do aluno em situações novas e estressantes. Pode ser baixado no site da Tourettes Action.

Abordagem para toda a escola

É importante que todos os membros da equipe escolar estejam cientes dos alunos que têm ST e que existem diretrizes claras para proporcionar uma abordagem coerente por parte de todos. O tutor do aluno ou o coordenador de necessidades educacionais especiais também deve colaborar com os pais e criar um fluxo de informações de mão dupla.

- Estabeleça um canal de comunicação regular com os pais;
- Tenha um sistema de cartões que o aluno possa usar se sentir necessidade de sair da sala, caso a pressão para suprimir os tiques estiver aumentando;
- Todos os membros da equipe escolar devem ter ciência da ST do aluno. Isso deve incluir professores tanto de tempo integral como de parcial, bem como temporários/substitutos, pessoal da pastoral, administrativo e serviços;
- Um passe de Tourette ou uma folha A4 é útil. Isso pode fornecer detalhes sobre os tiques do aluno e dar conselhos que seriam úteis aos professores caso ocorressem tiques. A organização de apoio Tourettes Action produziu uma cartilha para *download* que pode ser muito útil denominada My Tic Attack Support Plan;
- Pode ser necessária supervisão extra em momentos não estruturados, como no recreio ou no intervalo do almoço, para evitar provocações ou *bullying*;
- Se um aluno com ST achar uma aula muito estressante, deve haver um local acordado para ele ir e uma pessoa a quem se apresentar;
- Pode-se permitir que os alunos com tiques pronunciados, especialmente vocais, evitem aglomerações ou situações em que precisem ficar sentados em silêncio;

- Todos os professores devem estar conscientes de que os tiques de uma criança podem mudar constantemente; e, se não tiverem certeza, devem presumir que se trate de um tique;
- Os professores devem compreender que, embora os tiques possam parecer direcionados e desagradáveis, são involuntários.

Uma visão de dentro

Devemos nos esforçar para criar um ambiente educacional que aprimore as oportunidades de aprendizagem para indivíduos com Tourette, acomodem seus desafios e aproveitem seus pontos fortes, permitindo que nossos alunos sejam eles mesmos, maravilhosos e autênticos que são.

Ione Georgakis, terapeuta ocupacional do CAMHS e principal defensora do Tourettes Action.

Pontos-chave

* Os tiques são movimentos ou sons involuntários e descontrolados;
* Para um diagnóstico de Síndrome de Tourette (ST), os tiques vocais e motores devem estar presentes há pelo menos doze meses;
* Os tiques podem mudar com o tempo e alguns indivíduos crescem e deixam de tê-los;
* Os tiques são agravados por estresse, ansiedade e cansaço;
* Alunos com tiques devem ter providências especiais em sala de aula e em provas;
* Deve haver uma conscientização e abordagem para toda a escola;
* Os alunos se beneficiam quando a escola estabelece uma linha de comunicação com os pais e quando os professores os compreendem.

12
Habilidades organizacionais

* O que são habilidades organizacionais?
* Por que alguns alunos com diferenças específicas de aprendizagem carecem de habilidades organizacionais?
* Como posso identificar um aluno com falta de habilidades organizacionais?
* Pontos fortes comuns
* Indicadores comuns (aspectos negativos)
* Abordagem global
* Estratégias de sala de aula
* Planejando redações e projetos
* Ajuda individual
* Pontos-chave

O que são habilidades organizacionais?

O *Cambridge English Business Dictionary* (2015) define habilidades organizacionais como "a capacidade de usar seu tempo, energia e recursos, de forma eficaz, para alcançar as coisas que deseja alcançar".

Existem três aspectos para ser bem-organizado:

- *Físico*: reduzir a desordem, ter um espaço de trabalho arrumado, arquivar anotações e livros de forma lógica e acessível, levar os livros e materiais certos para as aulas;

- *Administração do tempo*: chegar pontualmente aos compromissos e aulas. Não perder tempo, mas trabalhar de forma eficaz e depois planejar tempo para desfrutar de lazer e esportes. Ter boas habilidades organizacionais significa fazer o melhor uso do tempo;
- *Mental*: considerar detidamente as prioridades e planejar como se adequar à carga de trabalho necessária. Equilibrar trabalho com tempo de inatividade para relaxar e realizar exercícios. Fazer listas de tarefas para manter o controle.

Por que alguns alunos com diferenças específicas de aprendizagem carecem de habilidades organizacionais?

Quando os alunos têm *memória de curto prazo* ou *dificuldades de concentração*, isso pode contribuir para a falta de organização e um rastro de itens perdidos, compromissos perdidos, não cumprimento de prazos, perder-se ao ir para a aula e um estilo de vida geralmente caótico. Isso, por sua vez, aumenta os níveis de estresse e deixa os alunos confusos e incapazes de usufruir de seu melhor desempenho.

Os alunos disléxicos e aqueles com dispraxia, discalculia e TDAH sofrem com frequência de problemas de memória de curto prazo e podem, portanto, parecer confusos e desorganizados. Eles também podem ter dificuldades com as *habilidades de função executiva*, que incluem o planejamento antecipado e o estabelecimento de metas e, por isso muitas vezes não conseguem cumprir prazos e aprender com a experiência.

Juntamente com isso, alunos com dislexia ou discalculia também podem *interpretar errado instruções escritas* ou confundir números e, assim, cometer erros com horas, datas, números de salas e detalhes de contato. Alunos com TDAH podem não registrar as instruções corretamente e também têm *dificuldade em administrar o tempo* e estimar quanto as tarefas levarão para serem concluídas. Alunos autistas podem ter problemas para *interpretar o significado de instruções* por encará-las muito literalmente, e isso pode levar a mal-entendidos.

Como professor de sala de aula, você não pode resolver todos os problemas organizacionais de cada aluno sob seus cuidados, mas pode ajudá-los a lidar com a situação, dando instruções muito claras, dividindo as tarefas em partes menores e gerenciáveis, e mantendo-se você mesmo calmo e bem-organizado.

Como posso identificar um aluno com falta de habilidades organizacionais?

São aqueles alunos que podem chegar atrasados e perturbados às aulas, não entregar a lição de casa a tempo ou fazer a lição de casa errada. Podem esquecer-se de trazer o material correto para as aulas e faltar a reuniões que não fazem parte de sua rotina regular.

Eles também podem andar cambaleando por carregar uma mochila muito pesada, pois estão preocupados em não ter os livros e materiais certos, então trazem tudo "para não ter erro".

Pontos fortes comuns

Essa questão irá variar dependendo do motivo da desorganização e não se aplicará a todos. No entanto, descobri que a maioria dos meus alunos desorganizados apresenta algumas das seguintes características:

- Com frequência, muito encantador;
- Amigável e extrovertido, pode ser divertido e engraçado;
- Bom verbalmente, pode ser um excelente orador;
- Apaixonado por temas ou causas;
- Pensador lateral, cheio de ideias interessantes e empolgantes;
- Inovador;
- Criativo;
- Empreendedor;
- Forte pendor para teatro, música ou arte;
- Obstinadamente determinado.

Indicadores comuns (aspectos negativos)

Chegando nas aulas

- Muitas vezes, chega atrasado e perturbado;
- Pode esquecer de trazer materiais, livros, anotações, lição de casa;
- Perde frequentemente fichários, livros e materiais;
- Pode ter dificuldade em manter o fichário em ordem; os papéis geralmente estão embaralhados cronologicamente e entre matérias;
- A mochila escolar pode estar muito cheia;
- Pode deixar livros e materiais caírem no chão enquanto retira objetos da mochila e procura por coisas;
- Os livros podem ficar com dobras, rasgos ou lama pelo número de vezes que foram colocados na mochila, caíram no chão ou foram pisados por engano.

Dificuldades com memória de curto prazo e organização

- Não consegue se lembrar de uma lista de itens, um conjunto de instruções ou uma rotina;
- Pode esquecer nomes, lugares, números e horários;
- Se a memória visual for afetada, pode esquecer o que escrever ao baixar os olhos da lousa e, assim, realizar anotações incorretas;
- Muitas vezes esquece qual é a lição de casa;
- Faz a lição de casa, mas esquece de entregá-la ou não consegue se lembrar onde a colocou.

Administração do tempo

- Pode ter dificuldade em ler as horas usando um relógio analógico;
- Com frequência se distrai e perde a noção do tempo;
- Pode avaliar mal quanto tempo levará uma tarefa;

- Frequentemente interpreta errado as informações, confundindo a hora ou o dia de um evento ou prazo;
- Muitas vezes chega atrasado aos compromissos ou está tão preocupado em se atrasar que pode chegar cedo demais.

Chegando a lugares

- As instruções ou orientações podem ser esquecidas ou confusas;
- Pode interpretar errado horas, quadro de horários e instruções;
- Perde-se com facilidade, já que não se lembra de um trajeto;
- Pode confundir esquerda e direita – senso ruim de orientação;
- Frequentemente confunde nomes de lugares e pessoas, principalmente se começam com a mesma letra;
- Suscetível a ir para a sala errada no horário certo ou para a sala certa no horário errado.

John raramente usava seu armário na escola, pois muitas vezes não conseguia encontrá-lo durante o primeiro período do ensino médio.

Mãe de um adolescente dispráxico.

Organização do pensamento

- Pode ter dificuldade em colocar ideias em sequências lógicas;
- Suscetível a ser acometido por um pensamento repentino que é relevante, mas que não tem qualquer relação com a ideia original;
- Pode esquecer ideias rapidamente se não forem registradas;
- Pode ser bom na prática, mas ter dificuldade em colocar ideias no papel.

Planejamento de projetos

- Pode sentir-se sobrecarregado com trabalhos mais extensos, pois parecem assustadores;

- Muitas vezes não sabe por onde começar;
- Pode ter dificuldade em alocar tempo para as diferentes seções de um projeto, gastando muito tempo em uma parte e deixando pouco tempo para o restante;
- O pensador holístico pode ter várias ideias muito rapidamente, cobrindo um tema inteiro e não ser capaz de compartimentalizar;
- Pode procrastinar, adiar o início e depois entrar em pânico à medida que o prazo final se aproxima.

Abordagem global

- Dê instruções e prazos claros;
- Tente compreender os problemas dos alunos e trabalhe com eles para encontrar soluções sempre que possível;
- Tente manter o senso de humor e a abordagem positiva. Zangar-se só aumentará o nível de estresse do aluno, o que pode deixá-lo confuso e em pânico e piorar as coisas;
- Seja acessível e tente reservar um horário para que possam conversar com você ou trabalhar em sua sala de aula.

Alunos desorganizados muitas vezes optam por fazer a lição de casa durante o dia em sala de aula. Isso garante que o trabalho seja concluído e possa ser entregue imediatamente antes de ser esquecido ou perdido.

Estratégias de sala de aula

- Tenha cópias extras de livros didáticos e materiais em sua sala de aula. Eles podem ser emprestados, poupando o aluno de estresse e evitando que perca tempo de aula enquanto voltam para buscar algo que talvez não consigam mesmo encontrar;
- Identifique com clareza as prateleiras para entrega de trabalho;
- Introduza códigos por cores para seus fichários de matérias, livros didáticos e sua estante para entrega dos livros. Adesivos podem ser usados;

- Identifique claramente as prateleiras e os armários da sua sala de aula com um sistema lógico. Isso é especialmente importante em uma matéria prática como artes, ciências ou educação tecnológica para retirar e guardar materiais;
- Se um aluno estiver usando um computador nas aulas, certifique-se de que haja uma impressora facilmente acessível;
- Verifique se o material gravado eletronicamente pode ser armazenado e recuperado com segurança;
- Tenha um relógio (de preferência digital) claramente visível e use um cronômetro para indicar quanto tempo falta para uma tarefa específica da aula. Temporizadores eletrônicos podem ser configurados para fazer contagem regressiva conforme a tarefa avança.

Lição de casa

- Certifique-se de que suas instruções sejam muito claras;
- Passe a lição de casa no início da aula, e não no fim;
- Tente distribuir cópias escritas da lição de casa, bem como instruções faladas;
- Se a anotarem, verifique se está correta;
- Os alunos poderiam registrar a lição de casa ou outros lembretes em um telefone celular?
- Há intranet na escola na qual você possa disponibilizar a lição de casa?
- O ideal é manter uma rotina sobre quando a lição de casa será definida, quando deverá ser entregue e onde deverá ser colocada;
- Se a lição de casa puder ser feita eletronicamente, ela poderá ser enviada para você por e-mail. É menos provável que o aluno a perca.

Deslocando-se pela escola

Normalmente, nas turmas de ensino médio, os professores têm salas definidas e os alunos passam de aula em aula. Isso pode ser muito confuso se o aluno tiver pouco senso de orientação.

- Identifique claramente a porta da sua sala de aula, especialmente se estiver em um corredor longo. Cores são de boa ajuda aqui, ou uma imagem relevante para distinguir a sua matéria;
- Se possível, verifique no fim da aula se o aluno sabe para onde irá a seguir. Isso é particularmente importante quando eles são novos na escola ou quando há um novo ano letivo e novos quadros de horários;
- Um sistema de cooperação entre colegas pode ser útil para ajudá-los a chegar pontualmente às aulas e ao lugar certo;
- O ideal é que os alunos recebam uma planta simples de toda a escola.

Planejando redações e projetos

Isso pode parecer muito assustador. Alunos que pensam de forma holística verão a magnitude de toda a tarefa, irão considerá-la angustiante e não saberão por onde começar. Pensadores mais detalhistas podem acabar focando demais um aspecto e não obter o equilíbrio e a perspectiva de todo o projeto.

É importante dar instruções muito claras. As seguintes dicas podem ser úteis:

- Dê um título claro;
- Explique como estruturar o trabalho (Figura 12.1):
    - *Introdução*: deve descrever brevemente os principais tópicos a serem discutidos no corpo principal da redação, mas não fornecer detalhes específicos;
    - *Corpo principal*: cada parágrafo deverá tratar de um ponto principal mais a evidência para tal; deve começar com

uma frase abordando o tema que exponha o que virá a seguir. O restante são evidências ou detalhes relacionados a esse tema e seguem nas próximas frases;
– *Conclusão*: ela deverá arrematar o trabalho. Deve ser curta e não incluir novas ideias. Deve fazer referência ao título. Em geral, o conselho é ser breve e resumir os pontos-chave relacionados ao título.

Planejando uma redação

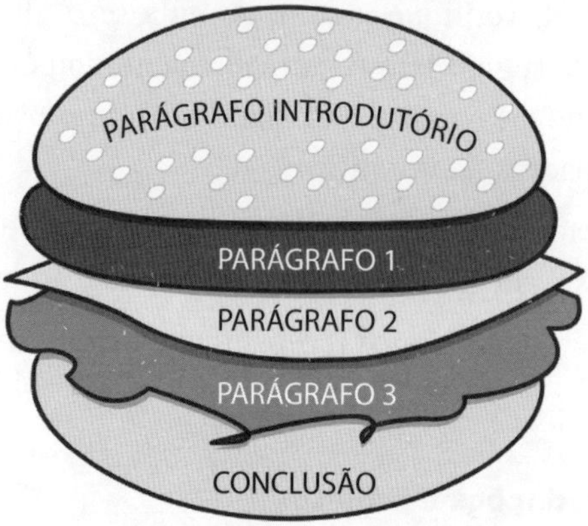

Figura 12.1 O hambúrguer da redação

- Indique claramente a duração da redação. Indique o número aproximado de páginas ou palavras;
- Enfatize a importância de escrever um plano de redação antes de começá-la;
- Um quadro de planejamento de redação pode ser uma forma útil de ajudar o aluno a estruturar a redação e decidir o que incluir em cada seção ou parágrafo (Figura 12.2);
- Enfatize a importância de fazer referência ao título;
- Divida projetos mais longos em partes menores e gerenciáveis e forneça as datas em que as diferentes remessas deverão ser entregues;

- Seja claro sobre quando todo o projeto deverá ser concluído;
- Como deve ser entregue? Pode ser enviado por e-mail para você? Deve ser uma cópia física, em papel? Onde deve ser colocado?

TÍTULO: Escreva o título. Sublinhe as palavras-chave. O que este título significa?
INTRODUÇÃO: Sobre o que você vai falar?
PARÁGRAFO 1 Ponto principal: Evidência: Como isso se relaciona com o título?
PARÁGRAFO 2 Ponto principal: Evidência: Como isso se relaciona com o título?
PARÁGRAFO 3 Ponto principal: Evidência: Como isso se relaciona com o título?
CONCLUSÃO: O que você disse? Resuma as informações. Relacione-as com o título. NÃO inclua novas informações.
REFERÊNCIAS: se aplicável.

Figura 12.2 Planejando uma redação

Reunindo ideias

Ajude o aluno a encontrar uma forma que funcione para ele; não existe maneira certa ou errada.

Pensadores lineares podem gostar de produzir listas ou marcadores com títulos. Eles podem então ser organizados em eventuais parágrafos.

Os pensadores laterais podem achar muito mais fácil produzir um mapa mental para anotar suas ideias antes que sejam esquecidas. Começando com uma palavra ou imagem no meio da página, as ideias podem ser reunidas em diferentes áreas em "bolhas" e podem ser adicionados detalhes à medida que o diagrama se desenvolve (Figura 12.3).

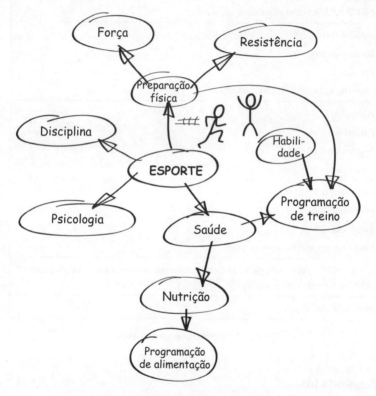

Figura 12.3 Exemplo de mapa mental para uma redação sobre como ter sucesso nos esportes

É possível obter programas de computador avançados para mapeamento mental usando cores e símbolos para causar impacto. Alguns programas irão então alterar a disposição aleatória dos mapas mentais em texto com uma sequência linear de pontos.

Uso de *softwares* **de apoio**[35]

O *software* de reconhecimento de voz converte a palavra falada em texto. Ele ajuda os alunos que têm dificuldades com a escrita ou a ortografia, pois permite que se concentrem no conteúdo do que estão dizendo, e não no ato de escrever e na ortografia.

Programas avançados de correção ortográfica também podem ser úteis. Existem atualmente alguns disponíveis para alunos com dislexia que se baseiam na fonética, e não em padrões de letras. Há menor probabilidade que apresentem interpretações erradas da intenção do escritor.

Apoio individual

Os alunos que não possuem habilidades organizacionais se beneficiarão de ter um *mentor adulto* para ajudar a mantê-los no caminho certo. O ideal é que se reúnam regularmente com o mentor e é muito importante investir tempo na implementação de estratégias de enfrentamento para ajudá-los na organização e no planejamento. Esse apoio será necessário em toda a escola, uma vez que muitos alunos ficam mais "soltos" quando chegam à sexta série e passam a ter mais liberdade.

Aqui estão algumas coisas que funcionam bem:

Encontrando coisas

- Etiquetas em armários e prendedores com adesivos coloridos ou imagens para fácil reconhecimento;
- Certifique-se de que todos os livros e itens pessoais estão nitidamente identificados pelo nome;
- Periodicamente ajude o aluno a arrumar um armário ou a carteira. Provavelmente estarão uma bagunça inviável;

---

35. Cf. página 206.

- Use códigos de cores para os cadernos de exercícios e livros didáticos das diferentes matérias. Isso pode ser feito com adesivos. Assim, podem ser facilmente identificados;
- Se o trabalho for feito em papel de fichário, poderá ser necessário mostrar aos alunos como organizar o trabalho cronologicamente;
- Incentive o uso de divisórias. Os fichários devem ser verificados e reorganizados regularmente, pois podem rapidamente voltar a ficar caóticos;
- Incentive rotinas para guardar as coisas;
- Certifique-se de que o aluno saiba onde fica o achados e perdidos da escola.

Pontualidade

- Forneça uma planta simples da escola com as salas de aula marcadas;
- Faça uma cópia do quadro de horários do aluno com as aulas marcadas em cores diferentes;
- Verifique se o aluno compreende como ler o quadro de horários;
- Marque com clareza as salas de aula no quadro de horários;
- Às vezes, indique como chegar às salas, por exemplo, Sala de História 6 (andar de cima, primeira porta à esquerda);
- Faça muitas cópias do quadro de horários. Eles podem ser afixados em vários locais onde serão vistos. Deixe uma cópia com o mentor do aluno;
- Cópias eletrônicas do quadro de horários são excelentes se estiverem disponíveis;
- Ensine o aluno a anotar e depois dizer em voz alta quaisquer arranjos, horários, locais, números de telefone, para se certificar de que estão corretos;

- As instruções fornecidas eletronicamente são úteis, pois podem ser consultadas diversas vezes, conforme necessário. Papéis não são difíceis de perder.

Lembrando-se de ir a eventos especiais ou reuniões

- Se existir uma intranet na escola, é muito útil disponibilizar nela detalhes de eventos, horários, datas e locais;
- Um sistema de cooperação entre colegas pode funcionar bem se um amigo se voluntariar para lembrar os alunos das reuniões. Isso também significa que eles têm alguém que os acompanhe para evitarem se perder;
- O aluno pode receber um lembrete por e-mail?;
- Os lembretes também podem ser registrados em telefones celulares, caso sejam permitidos na escola. Eles podem ser configurados para vibrar com um lembrete de uma reunião iminente.

Trazendo o material correto e entregando a lição de casa

- Escreva no quadro de horários quando forem necessários equipamentos de educação física ou instrumentos musicais;
- Indique no quadro de horários quando e onde deve ser entregue a lição de casa;
- Um pequeno bloco de notas pode ser útil para redigir lembretes se não forem permitidos recursos eletrônicos como celulares;
- Incentive o uso de notas adesivas coloridas como lembretes;
- Os alunos podem, por vezes, escrever notas em seus celulares ou gravar lembretes de voz;
- Incentive o uso de "listas de tarefas". Ter um pequeno quadro-branco em casa pode ser útil para escrever uma lista de tarefas. É muito gratificante apagar ou riscar uma tarefa quando concluída;

- Um planejador semanal pode ajudar aqui, além do quadro de horários (Figura 12.4).

Planejamento semanal

	Seg	Ter	Qua	Qui	Sex	Sáb
Levar para a casa	Equipamento de natação Trompete	Kit para a aula de Educação Física	Equipamento para a aula de Educação Física	Trompete		Entrega de jornal Partida de futebol
Entregar	Inglês Francês	Matemática Geografia	ARTES	Ciências	História	
Clubes especiais / aulas	Banda de metais		Treino de futebol	Aula de trompete	Treino de futebol	
Lição de casa	Matemática Ciências	História	Francês	Geografia	Inglês Artes	
Depois da escola	Traga para casa coisas da natação	Praticar trompete	Praticar trompete	Clube de futebol		

Figura 12.4 Exemplo de um planejamento semanal

Cumprimento de prazos

Alunos com dificuldades de função executiva não acham fácil planejar seu tempo e pensar no futuro. Será necessário que lhes seja mostrado como definir prioridades, estabelecer metas, cumprir prazos e adotar um ritmo sensato.

Um organizador semestral de tarefas pode ser uma ferramenta muito útil, pois prazos de cursos, provas, peças teatrais, partidas esportivas e outros eventos importantes podem ser registrados nele. Os alunos podem então antecipar pontos de pressão quando os eventos coincidem, por exemplo, se a peça da escola for na semana anterior ao prazo final do curso de história ou se o fim de semana do torneio de futebol for no fim de semana anterior a uma prova de artes.

Há sempre períodos congestionados em qualquer época escolar, mas será muito mais fácil se eles puderem ser antecipados e planejados.

Redes de segurança de emergência

- O mentor pode providenciar estojos extras e materiais de matemática para que fiquem disponíveis em um local central da escola para pegar emprestado em caso de emergência;
- O aluno deve ser capaz de contatar seu mentor em horários determinados para conversar sobre as dificuldades que surgirem. Isso deve ser incentivado, uma vez que a intervenção precoce pode evitar a ocorrência de um ponto de crise com prazos e pressões conflitantes;
- Às vezes o mentor terá que ser um "intermediário" com outros membros da equipe se a carga de trabalho do aluno ficar fora de controle;
- Outras vezes é sensato "limpar a lousa" e começar de novo com apenas o trabalho essencial a ser realizado. O mentor e o coordenador de necessidades educacionais especiais poderiam aconselhar nesse quesito.

— — Pontos-chave — — — — — — —

* Pensadores neurodivergentes têm frequentemente problemas de organização;
* As habilidades organizacionais incluem administração do tempo, levar o material correto para as aulas, lembrar-se das instruções e habilidades de planejar e estabelecer metas. Os alunos terão que fazer um esforço especial em todas essas áreas para terem sucesso, e isso será cansativo para eles;
* Os professores podem ajudar disponibilizando material extra e um sistema de etiquetagem claro para livros e materiais. Também ajuda se a sala de aula for facilmente reconhecível;

* Dividir grandes projetos em pequenos blocos gerenciáveis com verificações regulares ajuda a orientar os alunos em tarefas que são consideradas assustadoras;
* Professores acessíveis e calmos podem ajudar enormemente alunos desorganizados. Se os alunos sentirem que podem discutir problemas de trabalho e de administração do tempo com um professor antes de enfrentarem uma crise de sobrecarga, isso proporcionará uma "válvula de escape" e o ajudará a atravessar períodos críticos.

13
Provas e revisão da matéria

- ★ Armadilhas comuns em provas:
- ★ Tempo mal calculado para revisão da matéria
- ★ O que revisar
- ★ Como revisar
- ★ Ficando exausto
- ★ Organização no dia da prova
- ★ Na prova
- ★ Depois da prova
- ★ Providências especiais em exames públicos
- ★ Pontos-chave

O momento das provas é estressante para a maioria dos alunos, mas aqueles com diferenças de aprendizagem podem achá-los realmente apavorantes.

Esses alunos podem ter um histórico de baixo desempenho e problemas de memória de curto prazo, o que significa que serão incapazes de estudar de última hora como seus colegas conseguem fazer. Isso pode aumentar o estresse, seguido do pânico. Somos todos menos capazes de pensar com clareza quando a resposta de luta ou fuga entra em ação, e isso pode aumentar as chances de erros na leitura e interpretação de enunciados. Às vezes, pode inclusive "dar branco" nos alunos e eles não conseguirem responder nem mesmo a perguntas simples sobre um tema que conhecem bem.

Como professores, podemos tentar reduzir a pressão das provas, sempre que possível, e ajudar os alunos a estarem bem-preparados, para que haja menos pânico de última hora.

Vou me concentrar nas "armadilhas" que aguardam alunos com DEAs.

Armadilha 1: Tempo mal calculado para revisão da matéria

Muitos adolescentes têm problemas em planejar e pensar no futuro (tarefas de função executiva). Isso quer dizer que o trabalho é muitas vezes deixado para o último minuto e os problemas de memória de curto prazo que os acompanham significam que tentar revisar na noite anterior não dará certo.

Os alunos devem ser incentivados a elaborar um *cronograma de revisão da matéria* nas semanas anteriores às provas. Isso deve ser baseado em um calendário com os dias marcados e divididos em blocos para as diferentes matérias. Isso pode ser feito eletronicamente, se esse for o meio preferido. O descanso e a descontração também devem ser programados. Os dias podem então ser riscados e descartados, o progresso pode ser visto e um pânico de última hora pode ser evitado.

Uma aluna muito articulada, mas desorganizada, foi me procurar na minha sala quatro horas antes da prova de biologia para a obtenção do Certificado Geral de Educação Secundária (GCSE). Depois de entrar e colocar a mochila no chão, ela disse: "Dra. Hudson, por favor, poderia repassar toda a lição de biologia que me escapou nos últimos dois anos?"

A autora

Também é útil ter uma cópia grande do quadro de horários das provas, talvez exposta na parede, para que a ordem das provas possa ser visualizada rapidamente. Isso permite dar prioridade às matérias que ocorrem primeiro, especialmente se houver algum tempo livre no meio da época de provas. Sem contar que é uma alegria riscá-los conforme forem terminando!

Armadilha 2: O que revisar

Alguns alunos ficarão muito travados e sentirão que precisam aprender cada mínimo detalhe e exemplo. Outros terão um conhecimento mais superficial e amplo, mas não terão fatos e palavras-chave suficientes em seu arsenal quando se trata de obter notas. A arte é almejar algo entre os dois extremos.

Eu sempre aconselho os alunos que fazem provas externas a usarem o currículo como guia. O programa descreve exatamente o que é esperado. Ele mostra quais definições devem ser conhecidas e o nível de conhecimento necessário. É útil fornecer uma lista de tópicos de revisão para orientar os candidatos a provas internas.

Os guias de revisão podem ser úteis, pois as anotações manuscritas do próprio aluno podem ser imprecisas ou confusas. Aprender os principais fatos e compreender conceitos é o objetivo da revisão da matéria. As provas geralmente são baseadas em parte na recordação e em parte em habilidades que exigem uma mente clara no dia.

Armadilha 3: Como revisar

As armadilhas aqui são novamente melhor ilustradas pelos dois extremos:

- O *aluno perfeccionista* pode fazer lindas "anotações de revisão" nas quais praticamente toda a matéria é reescrita. A produção pode levar horas e as anotações costumam ser ilustradas de maneira atraente. Infelizmente, a informação provavelmente não se fixará melhor na memória, já que o material não foi condensado ou os pontos-chave não foram enfatizados;
- O *aluno excessivamente confiante* irá simplesmente rever as anotações de seu livro ou de um site de revisão *on-line*. Ele não

escreverá nada, mas sentirá que "já sabe tudo". Terá um choque desagradável no dia da prova, quando a falta de conhecimento detalhado o desapontar.

O ideal é focar os pontos principais e guardá-los firmemente na memória de longo prazo. Alunos com problemas de memória de curto prazo não podem esperar muita ajuda de uma leitura rápida. A melhor forma de reforçar os fatos é usar o estilo de aprendizagem preferido do aluno. Uma série de ideias está listada na Tabela 13.1, mas cada aluno precisará descobrir o que funciona melhor para ele.

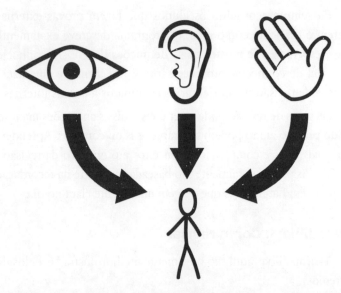

Para a maioria das pessoas, uma combinação de métodos funciona melhor. Alivia o tédio e mantém o cérebro ativamente envolvido.

Tabela 13.1 Estilos de aprendizagem e métodos de revisão da matéria

ESTILO DE APRENDIZAGEM	MÉTODO DE REVISÃO DA MATÉRIA
Visual	Fazer anotações com marcadores; destacar palavras-chave; usar mnemônicos; elaborar cartazes com frases, palavras-chave ou fórmulas. Usar quadros limpáveis.
	Mapas mentais; *cartoons*; desenhos; fluxogramas; linhas do tempo; utilizar canetinha hidrocor ou cartolina colorida; confeccionar cartazes ilustrando fatos ou ideias associadas.
	Programas de computador, sites de revisão da matéria e quiz são divertidos, facilmente acessíveis e gratificantes, pois fornecem *feedback* instantâneo, mas deve-se ter cuidado para que sejam relevantes para uma banca examinadora específica e no nível correto.
Auditivo	Ouvir *audiobooks* de obras literárias; ler as informações em voz alta; gravar a si mesmo e reproduzir o áudio; revisar com um amigo efetuando e respondendo perguntas; transformar fatos em canções, *raps*, ritmos, poemas.
Cinestésico (prático)	Utilizar exemplos práticos; possibilitar que itens do cotidiano representem o conteúdo da matéria para entender conceitos; criar modelos 3D; caminhar enquanto recita; deitar no chão; ficar em uma perna. Usar programas de computador interativos.

A revisão da matéria deve ser feita em breves períodos, com pausas para exercícios, lanche ou recompensa. A capacidade de concentração dos alunos varia muito, mas é melhor realizar várias sessões curtas de quinze minutos do que ficar sentado durante duas horas olhando pela janela e pensando em outras coisas. Os telefones celulares devem ser desligados ou, de preferência, deixados em outro local durante as sessões de revisão: eles são uma grande distração.

Ajuda ter alguns pontos altos no programa para cada dia, por exemplo: "Se eu terminar até a Queda do Império Romano, vou jogar um pouco de *videogame*".

Estudar provas anteriores com correções e notas também é muito útil, pois ensina aos alunos o que é considerado importante e indica a profundidade de conhecimento necessária. A atribuição de notas normalmente reflete o número de pontos necessários.

Armadilha 4: Ficar exausto

Trabalhar demais pode ser quase tão ruim quanto trabalhar de menos. Os alunos podem ficar cansados, estressados e sobrecarregados com a quantidade de trabalho. Isso afetaria especialmente os alunos perfeccionistas, que tentariam aprender tudo. O estresse pode levar a problemas de sono, que por sua vez afetam o desempenho e a capacidade de pensar de forma clara e racional.

Manter o ritmo da revisão intercalando-a com intervalos é importante, assim como decidir o que é essencial aprender e quais coisas podem ser deixadas de lado.

Estudar de última hora é uma má ideia e é muito melhor folgar na noite anterior à prova. Os alunos devem ser incentivados a relaxar e dormir cedo.

Armadilha 5: Organização no dia da prova

Conheço alunos que perderam provas por lerem errado o quadro de horários. Certifique-se de que eles verificarão a data com antecedência e que saberão se a avaliação será de manhã ou à tarde.

Chegar atrasado também pode acontecer com alunos desorganizados; se isso ocorrer, eles já iniciarão a prova em pânico. Aconselhe-os a sair de casa com espaço de tempo de folga para o caso de haver problemas de trânsito ou dificuldades imprevistas. Assegure-se de que eles sabem onde será a prova. Isso é particularmente importante se lhes foram concedidas providências especiais e não a realizarem na sala de provas principal, mas em outro local. Eles podem precisar ensaiar o trajeto até a sala de provas.

Lembre-os de trazer o material correto. É sempre útil ter um estojo a mais, uma calculadora, uma lâmina transparente colorida e tudo o que for necessário na sala de provas ou na secretaria da escola. Pode ser emprestado a um aluno que se esqueça de alguma coisa. Afinal, a prova é baseada no conhecimento da matéria, e não na capacidade organizacional.

Armadilha 6: Na prova

Aqui estão algumas ideias para alunos em prova, que geralmente são úteis:

- No início os alunos devem tentar relaxar, movimentar os ombros e os dedos dos pés, puxar e soltar o ar profundamente;
- Devem ler atentamente as instruções e sublinhar ou destacar palavras-chave, respondendo ao *número certo de perguntas nas seções corretas*. É muito fácil interpretar erroneamente os enunciados, alterando palavras ou omitindo palavras-chave, especialmente com uma combinação de nervosismo e dislexia;
- Aconselhe os alunos a usarem *uma caneta marca-texto ou a sublinharem palavras-chave* e a lerem o enunciado duas vezes. Questões de múltipla escolha podem ser particularmente difíceis e quase parecem ter sido elaboradas para tentar confundir o aluno;

Certa vez, dei uma excelente resposta definindo convecção, com diagramas e tudo o mais. Infelizmente, tirei zero. Na verdade, o enunciado perguntava: "O que é convenção?"

A autora

- Deve-se prestar atenção especial às palavras-guias dos enunciados e ter cuidado para garantir que a resposta esteja condizente com elas (por exemplo, descreva, analise, explique, ilustre, indique, resuma). É uma boa ideia revisar esses termos com os alunos com antecedência e explicar o que cada um está pedindo;

- Ensine os alunos a sempre planejar respostas longas e redações. Anotar ideias e elaborar por alto são estratégias valiosas, especialmente para alunos com problemas de memória de curto prazo ou "mente de gafanhoto". Também é importante reler o enunciado antes de começar a redigir para ter certeza de que a resposta é pertinente;
- Administração do tempo na prova – calcular mal o tempo é um erro comum, ainda mais em matérias dissertativas. Alguns alunos são lentos para redigir ou processar informações. Outros perdem a concentração e o tempo corre enquanto pensam em outras coisas. Há ainda aqueles que podem deter-se em detalhes na resposta a um enunciado e por isso ter que se apressar para responder a outras questões. As solicitações de horário agora podem ser dadas em intervalos em exames públicos;
- Alunos perfeccionistas relutarão em seguir em frente até que a resposta esteja excelente. Eles podem chegar inclusive a riscar tudo e começar de novo. Alguns alunos podem se beneficiar de avisos periódicos do horário para lembrá-los do tempo restante da prova;
- Todos os alunos devem conseguir enxergar nitidamente um relógio digital, uma vez que, durante o exame, já não estão mais autorizados a usar relógios (isso porque hoje em dia muitos desses aparelhos contam com outras funções, tais quais memória, calculadora, enciclopédia etc.);
- Verifique o trabalho no fim. Os alunos devem procurar por inversões de números em respostas que envolvam matemática e checar se as unidades estão corretas;
- Tempo extra – se houver essa permissão, os alunos devem ser ensinados a administrá-lo de modo adequado, especialmente para pensar e planejar. Eles também devem ter praticado com tempo extra em provas escolares.

Armadilha 7: Após a prova

Os alunos devem evitar se lamentar demais a outras pessoas por seu desempenho. É tarde demais para fazer qualquer coisa a respeito de quaisquer erros e isso pode causar angústia e minar a autoconfiança. É importante manter o moral e o ânimo elevados, principalmente se outra prova for iminente.

Evite ficar remoendo quaisquer erros cometidos. Bola para frente! A maioria dos alunos que não têm autoconfiança ignora o grande número de coisas que podem ter feito corretamente e se preocupa apenas com eventuais erros.

Incentive os alunos a relaxar um pouco, comer, tomar um ar fresco e fazer exercícios. Isso irá "recarregar as baterias" e permitir uma mente clara antes da próxima prova ou sessão de revisão.

Providências especiais em exames públicos

Muitos alunos com DEAs ou diagnósticos médicos se qualificarão para providências especiais em exames públicos.

As regras e providências especiais são complexas e mudam periodicamente; então, o coordenador de necessidades educacionais especiais da escola trabalhará com o responsável pela aplicação do exame para garantir que a concessão recomendada seja cumprida. No Reino Unido, os regulamentos são impressos pelo Joint Council for Qualifications (JCQ). Estes são atualizados regularmente.

A lista de possíveis providências especiais é longa, mas aqui estão algumas das mais comuns encontradas nas escolas regulares:

- Tempo extra (normalmente 25%, mas pode ser mais longo em circunstâncias especiais) – pode ser devido a escrita ou velocidade de processamento lenta;
- Pausas para descanso supervisionadas;
- Vigilância separada dos outros alunos (ao candidato que esteja em uma sala à parte também poderá ser permitido ler em voz alta ou caminhar pela sala);

- Papéis coloridos ou ampliados;
- Um processador de texto com o verificador ortográfico e gramatical desativado;
- Um escriba (amanuense) – um adulto responsável que irá anotar as respostas ditadas pelo candidato;
- Um programa conversor de voz para texto configurado no modo exame;
- Um leitor – um adulto responsável que lê os enunciados do exame para o candidato (ele não tem permissão para explicar ou interpretar qualquer parte da prova);
- Uma caneta leitora adaptada para uso em exames;
- Um assistente prático – um adulto responsável que pode dar apoio físico aos alunos com graves dificuldades de coordenação;
- Um *prompter* – um adulto responsável que lembra periodicamente ao candidato quanto tempo resta para a prova.

Em todos os casos listados, o aluno deverá apresentar histórico de utilização dessas técnicas nas aulas normais e nas provas escolares. Isso lhes dá a oportunidade de praticar as habilidades e fornecerá um histórico de necessidades e um histórico de concessão exigido pelo JCQ. Os professores em sala de aula devem estar cientes das providências recomendadas para um aluno para garantir que o aconselhamento seja seguido como prática normal em sala de aula.

— — Pontos-chave — — — — — —

★ Provas são momentos especialmente estressantes para alunos com diferenças de aprendizagem;

★ É importante planejar um cronograma de revisão da matéria;

★ Os alunos devem aprender técnicas de revisão da matéria usando seu estilo de aprendizagem preferido e cadenciar um ritmo de estudo sensato;

* Os alunos devem verificar quando e onde serão realizadas as provas;
* É importante levar o material correto, mas é útil ter na escola peças a mais para emergências;
* Durante as provas, os alunos devem concentrar-se na leitura cuidadosa das instruções e perguntas, e prestar atenção às palavras-guias dos enunciados;
* Tempo e planejamento são importantes, especialmente se o aluno tiver tempo extra;
* Após as provas é importante relaxar e não ficar remoendo quaisquer erros percebidos;
* Providências especiais podem ser implementadas em exames públicos.

14
Considerações finais

Felizmente, muitos jovens neurodivergentes são hoje diagnosticados precocemente e recebem a ajuda adicional de que necessitam para enfrentar com sucesso os obstáculos da época da escola. Infelizmente, alguns ainda não são detectados e muitas vezes é um professor perspicaz quem os identifica. Fique atento às discrepâncias entre a inteligência e o desempenho de um aluno e, se houver preocupação, peça ao coordenador de necessidades educacionais especiais para investigar melhor. As meninas, em particular, estão mais sujeitas a não serem identificadas, pois podem tentar mascarar seus sintomas para se entrosar e passar despercebidas.

Há muitas histórias de indivíduos com pensamento incomum que levaram vidas felizes e bem-sucedidas. Com o apoio adequado na escola e na universidade, muitos estão hoje seguindo carreiras convencionais, como medicina, engenharia e educação. Outros diversificaram e tornaram-se líderes inspiradores em suas áreas. Se considerarmos os atuais empresários, *designers* gráficos, programadores de computador, atores, diretores de cinema, autores, lendas do esporte, *chefs* de cozinha ou expoentes da moda, muitos deles são pessoas que têm uma forma incomum de pensar e para as quais a aprendizagem na escola representou uma batalha diária. Hoje, alguns empregadores estão procurando ativamente introduzir a neurodiversidade em suas equipes. Indivíduos autistas costumam prestar grande atenção aos detalhes, enquanto pensadores holísticos têm ideias e abordagens incomuns para a resolução de problemas. Ambos têm um papel importante a desempenhar.

A vantagem de pensar de forma diferente permite que as pessoas vejam novas oportunidades e caminhos incomuns a seguir. Em última análise, são suas diferenças de pensamento que ajudam a moldar suas vidas e a torná-los quem são. Seu sucesso pode muito bem não ser "apesar" das suas diferenças de aprendizagem, mas "por causa" delas.

Se você, como professor, puder ajudar e apoiar esses jovens, permitindo-lhes orgulhar-se de seus pontos fortes e aprender a rir quando as coisas não correm como esperado, terá contribuído enormemente para formar as bases dos adultos que eles se tornarão. Suas diferenças de pensamento nunca desaparecerão, mas eles podem aprender estratégias de enfrentamento e perseverança, possibilitando-lhes canalizar suas muitas competências e talentos e maximizar seu potencial.

Como professores, devemos incentivar esses jovens que pensam um pouco diferente e valorizar sua companhia. Posso garantir que às vezes eles serão irritantes, desafiadores e frustrantes, mas podem muito bem ser os alunos dos quais você se lembrará com mais carinho.

Glossário

Aluno holístico: Gosta de ver o quadro geral antes de se concentrar nos detalhes.

Amanuense: Pessoa que copia à mão o texto ditado.

Aprendizagem auditiva: Aprendizagem absorvendo informações que foram ouvidas.

Aprendizagem cinestésica: Assimilar e recordar informações por meio da prática – envolve mover, manusear materiais, realizar experimentos.

Caneta digitalizadora: Dispositivo portátil que digitaliza e lê em voz alta palavras ou frases.

Colapso (*meltdown*): Resposta física devido ao aumento da ansiedade em uma situação de extrema pressão. Pode se manifestar na forma de gritos, descontrole emocional e agressividade.

Compulsão: Comportamento ritualístico que um indivíduo com TOC sente que deve realizar para evitar que coisas ruins aconteçam a si mesmo ou a outras pessoas.

Coordenador de necessidades educacionais especiais (Senco): Professor responsável pela gestão cotidiana das necessidades educativas especiais em uma escola.

Coprolalia: Surto explosivo involuntário de palavrões, palavras obscenas ou comentários socialmente inapropriados. Afeta aproximadamente 10% dos indivíduos com Tourette.

Dificuldade de aprendizagem específica (DAE): Uma gama de problemas que alguns indivíduos enfrentam em uma área de aprendizagem enquanto conseguem ter um bom desempenho ou até mesmo se destacar em outras áreas. Não afeta a inteligência global da pessoa.

Discalculia: Diferença específica de aprendizagem que afeta as capacidades matemáticas, especialmente aritmética e contagem.

Disgrafia: Diferença específica de aprendizagem que afeta a caligrafia e a conversão de pensamentos em palavras escritas.

Dislexia: Diferença específica de aprendizagem que afeta a leitura e a interpretação da palavra escrita, juntamente com a ortografia e a conversão de ideias em escrita.

Dispraxia: Veja transtorno do desenvolvimento da coordenação (TDC).

Ecolalia: Quando a palavra dita por outra pessoa é repetida, ou a repetição mecânica de uma palavra indefinidamente.

Educação Pessoal, Social e de Saúde (PSHE): É ensinada na maioria das escolas. Dá ênfase à compreensão, à tolerância e à aceitação das diferenças.

Empatia: Compreensão dos sentimentos das outras pessoas.

Estresse visual: Problema visual em que os olhos não funcionam juntos corretamente; pode causar distorção no texto, dificuldades de leitura e dores de cabeça. A visão a distância pode ser normal; por isso, às vezes não é percebido.

Evitação patológica de demanda (EPD): Traço induzido pela ansiedade demonstrado por alguns alunos autistas. Tentará evitar demandas percebidas.

Fonema: Unidade sonora mínima da fala que é distinguida pelos locutores de um determinado idioma. Pode ser composta por uma única letra ou combinações de consoantes ou vogais, como "ch", "rr" ou "qu".

Função executiva: Níveis mais altos da função cerebral, como prestar atenção, usar a memória de trabalho, tomar decisões, planejar e estabelecer metas e objetivos.

Gatilho: Algo que desencadeia ansiedade e um pensamento obsessivo.

Habilidades interpessoais: Capacidade de se relacionar com outras pessoas e de trabalhar bem em situações de grupo.

Habilidades intrapessoais: Capacidade de trabalhar eficientemente sozinho e ser autossuficiente.

Lobos frontais: Parte frontal do cérebro responsável por comportamento lógico racional, iniciativa, planejamento e personalidade.

Mascaramento: Quando um indivíduo tenta disfarçar quaisquer diferenças comportamentais para se enquadrar socialmente.

Memória auditiva: Capacidade de recordar informações que foram ouvidas.

Memória de curto prazo (memória de trabalho): Capacidade de recordar informações por um curto período para usá-las. Por exemplo, lembrar números em um cálculo matemático. A informação é então esquecida.

Memória de longo prazo: Informações armazenadas por meses ou anos e que podem ser acessadas quando necessário.

Memória de trabalho: Veja memória de curto prazo.

Memória visual: Capacidade de recordar e acessar informações que foram vistas.

Mnemônico: Técnica de aprendizagem que usa frases para ajudar a lembrar uma grafia ou uma ordem de eventos ou coisas.

Necessidades Educacionais Especiais (NEE): Refere-se a crianças com problemas de aprendizagem que as tornam mais difíceis de aprender do que a maioria das crianças da mesma idade.

Necessidades Educacionais Especiais e Deficiência (NEED): Refere-se a crianças com deficiência física, bem como àquelas com problemas de aprendizagem.

Neurodivergente: Indivíduos com funções cerebrais, formas de processar as informações (estilo de pensamento) e comportamentos que estão fora da faixa considerada normal ou padrão.

Neurodiversidade: Variações nas funções cerebrais, formas de processamento das informações (estilo de pensamento) e comportamentos da população como um todo.

Neurotransmissores: Mediadores químicos especiais que transferem impulsos de uma célula nervosa (neurônio) para outra por meio de minúsculas regiões de contato denominadas sinapses.

Obsessões: Pensamentos e medos intrusivos indesejados.

Otite média com efusão (ouvido de cola): Condição que pode ocorrer em crianças. O ouvido médio fica preenchido por um fluido espesso como resultado de uma infecção; isso pode resultar em perda auditiva parcial. Implicado na dislexia, pois os sons (fonemas) não são ouvidos com precisão na infância.

Plano de Educação e Saúde (PES): Documento legal que descreve o apoio a uma criança que a autoridade local deve fornecer, além do apoio fornecido pela escola.

Plano Educacional Individualizado (PEI): Plano escolar para oferecer suporte a um aluno com necessidades especiais.

Processamento visual: Tempo que leva para responder à informação que foi vista.

Rastreamento: Capacidade de coordenar a ação dos dois olhos para acompanhar uma linha de texto.

Scaffolding: Fornecer apoio temporário a um aluno para ajudá-lo a concluir uma tarefa ou adquirir uma habilidade e, em seguida, retirar gradualmente esse apoio.

Serviços de Saúde Mental para Crianças e Adolescentes (CAMHS): Serviços médicos que oferecem apoio e tratamento a jovens com problemas de saúde mental. Eles trabalham com escolas, instituições de caridade e autoridades locais. Podem diagnosticar condições médicas como TDAH ou TEA.

Síndrome de Asperger: Designação anterior para diagnóstico de TEA de nível 1.

Síndrome de Tourette (ST): Condição que faz com que as pessoas realizem movimentos ou sons involuntários chamados tiques.

Software leitor de texto em provas: Programa de computador que lê o texto com precisão, mas não explica nem interpreta o conteúdo.

***Stimming* (autoestimulação):** Movimentos, palavras ou ruídos repetitivos realizados por algumas pessoas autistas quando tentam controlar o acúmulo de emoções.

Subitização: Capacidade de reconhecer pequenos padrões numéricos sem contar (por exemplo, os pontos em um dado).

Tecnologia assistiva: Dispositivo, equipamento ou sistema que ajuda a contornar, lidar ou compensar dificuldades específicas de aprendizagem de um indivíduo.

Teoria da mente: Capacidade de enxergar as coisas do ponto de vista de outra pessoa, de compreender seu comportamento e prever suas reações.

Terapia Cognitivo-Comportamental (TCC): Tratamento que visa resolver problemas conversando sobre eles com um terapeuta e mudando gradualmente a forma como as pessoas pensam e se comportam. Pode ser útil no tratamento de ansiedade e depressão, TOC e TDAH.

Tiques: Contrações, movimentos ou sons involuntários repentinos que as pessoas fazem repetidamente.

Transtorno do desenvolvimento da coordenação (TDC, também chamado de dispraxia): Diferença específica de aprendizagem que envolve músculos e coordenação motora fina ou grossa. Os sintomas incluem dificuldade de movimento, bem como problemas de organização, memória de curto prazo e planejamento.

Transtorno do déficit de atenção com hiperatividade (TDAH): Transtorno que causa falta de capacidade de atenção, impulsividade e, às vezes, aumento da atividade física (hiperatividade). É o resultado da redução da atividade na área do cérebro onde está situado o lobo frontal.

Transtorno do espectro autista (TEA): Indivíduos com diagnóstico de TEA apresentam dificuldades sociais e de comunicação e padrões de comportamento e interesses restritos e repetitivos.

Transtorno obsessivo-compulsivo (TOC): Experiência de medos perturbadores recorrentes que são irracionais e intrusivos. As compulsões são uma tentativa de aliviar a ansiedade repetindo certas ações.

Transtorno opositor desafiador (TOD): Transtorno psicológico que afeta o comportamento. Crianças com TOD não cooperam, são desafiadoras e hostis com colegas, pais, professores e outras figuras de autoridade.

Velocidade de processamento: Tempo necessário para absorver informações e pensar em uma resposta.

Velocidade de processamento auditivo: Tempo para captar a informação que foi ouvida, para pensar sobre ela e ser capaz de responder.

Apêndice 1
Tabela de resumo das áreas de dificuldade mais comuns

	DISLEXIA	DISCALCULIA	DISGRAFIA	DISPRAXIA/TDC	TEA/ASPERGER	TDAH	TOC	TOURETTE
Ortografia	■							
Leitura	■							
Compreensão da leitura	■				■			
Confusão com números	■	■		■				
Confusão com letras	■							
Confusão com símbolos	■	■						
Memória de curto prazo	■			■		■		
Pode ser distraído	■	■				■		
Habilidades organizacionais	■			■		■		
Perde-se	■			■				
Dificuldade em administrar o tempo	■			■	■	■		
Gosta de ordem/detalhes					■		■	
Precisa se movimentar						■		■
Coordenação motora fina			■	■		■		■
Coordenação motora grossa				■				
Habilidades sociais					■	■		
Interpreta ao pé da letra					■			
Rotinas/rituais					■		■	
Interesses especiais					■			
Obsessões							■	
Compulsões							■	■

Lembre-se de que muitos alunos não apresentarão todas as características listadas. Além disso, alguns alunos terão mais de uma condição.

Apêndice 2
Comparação entre EPD e TOD

EPD Evitação patológica de demanda	TOD Transtorno opositor desafiador
Faz parte do espectro autista.	Não faz parte do espectro autista.
Age de forma antagônica impulsionado pela ansiedade, e não propositalmente.	Impulso psicológico para agir de forma antagônica.
Tenta a princípio fugir das demandas na base da conversa.	Comportamento desafiador persistente e irritabilidade.
Técnicas de evitação criativas.	Recusa pura e simples ou faz o oposto.
Diferenças de comunicação social.	Compreensão social eficiente.
Pode agir com agressividade se estiver sob muito estresse ou provocar automutilação.	Pode agir com agressividade e guardar rancor.
Resiste a todas as demandas.	Resiste apenas a coisas específicas.
Recompensas como forma de incentivo não são eficazes.	Recompensas como forma de incentivo são eficazes.
Propenso a evitar demandas devido à alta ansiedade por não se sentir no controle.	Propenso a comportamentos negativos e hostis persistentes em relação à autoridade.
Criação/ensino/apoio tradicionais são ineficazes.	As estratégias tradicionais geralmente funcionam.
Colapsos emocionais quando pressionados por demandas.	Acessos de raiva e confrontos.
Sociável.	Indelicado, critica os outros.
Comportamento de evitação varia conforme os diferentes níveis de estresse.	Comportamento antagônico como via de regra, mas pode ser modificado com incentivos.
Responde a um estilo de ensino mais aberto, oferecendo mais opções.	Responde a menos ordens e mais colaboração.

Apêndice 3
Listas rápidas de verificação para professores, para *download*, com indicadores das diferenças de aprendizagem mais comuns[36]

☑ VERIFICAÇÃO RÁPIDA DO PROFESSOR: INDICADORES DE DISLEXIA

Geral
- ☐ Discrepância entre a contribuição oral e a compreensão do trabalho escrito;
- ☐ Desempenho ruim em provas com tempo definido;
- ☐ Velocidade de processamento lenta com material escrito;
- ☐ Não conclui provas com tempo definido;
- ☐ Imaginativo, criativo.

Leitura
- ☐ Impreciso, lê errado palavras, substitui por palavras semelhantes;
- ☐ Deixa passar palavras ou linhas ou as repete;
- ☐ Dificuldade em compreender o significado de uma frase, pode ter que lê-la várias vezes;
- ☐ Inversão de letras ou números durante a leitura;
- ☐ Dificuldade em seguir instruções;
- ☐ Hesitante, esforço em excesso especialmente ao ler em voz alta.

---

36. Estas listas não têm como objetivo fornecer um diagnóstico, mas se um número significativo desses indicadores for apresentado poderá valer a pena sugerir uma investigação diagnóstica adicional.

Ortografia
☐ Impreciso;
☐ Pode soletrar a mesma palavra de maneira diferente na mesma frase;
☐ Pode se sair bem em testes de ortografia, mas manifesta dificuldade quando se concentra na escrita;
☐ Pula o meio das palavras;
☐ Soletra foneticamente.

Escrita
☐ Qualidade ruim em comparação com a capacidade oral;
☐ Pode ser criativo e inteligente, mas a ortografia e a compreensão são ruins e variáveis;
☐ Letras maiúsculas são usadas aleatoriamente;
☐ Algumas letras são invertidas (por exemplo, *d* e *b*).

Organização
☐ Distrai-se facilmente;
☐ Esquecido;
☐ Perde pertences;
☐ Confunde esquerda e direita;
☐ Perde-se facilmente;
☐ Problemas em ler horas, quadros de horários e instruções;
☐ Dificuldade em organizar ideias de forma objetiva e lógica.

☑ VERIFICAÇÃO RÁPIDA DO PROFESSOR: INDICADORES DE DISCALCULIA

Geral

☐ Articulado e bom verbalmente, mas tem dificuldade com tarefas que envolvem números e cálculos;

☐ O trabalho escrito é muito melhor do que o trabalho numérico;

☐ Problemas para lembrar sequências numéricas, como números de telefone;

☐ Propenso a chutar respostas numéricas;

☐ Falta de autoconfiança na habilidade numérica.

Números

☐ Lê errado ou inverte números (por exemplo, 35 torna-se 53);

☐ Problemas para relacionar números em ordem de tamanho – qual é o maior?

☐ Não consegue estimar números com facilidade, tem que contar;

☐ Dificuldade em arredondar para cima ou para baixo;

☐ Problemas com zeros e casas decimais;

☐ Dificuldade em contar de trás para frente;

☐ Acha difícil contar em conjuntos de números, por exemplo, x2, x5, x10;

☐ Problemas para aprender tabelas;

☐ Dificuldade em ver conexões (por exemplo, se 7 x 3 = 21, então 3 x 7 = 21);

☐ Dificuldade com frações e casas decimais.

Operações matemáticas

☐ Não tem certeza se uma operação tornará a resposta maior ou menor;
☐ Lentidão para cálculos de cabeça;
☐ Lentidão para fazer cálculos;
☐ Pode contar nos dedos;
☐ Se as operações são aprendidas, são aplicadas mecanicamente, sem compreensão ou autoconfiança;
☐ Problemas para lembrar fórmulas;
☐ Escalas em gráficos imprecisas;
☐ Dificuldade em usar equações.

Habilidades para a vida, problemas com o seguinte

☐ Dinheiro: calcular o troco e contar rapidamente na hora do pagamento;
☐ Dizer as horas e chegar pontualmente aos lugares;
☐ Leitura do quadro de horários.

☑ VERIFICAÇÃO RÁPIDA DO PROFESSOR: INDICADORES DE DISPRAXIA

Geral

☐ Aparência ligeiramente desarrumada/desalinhada: camiseta torta, cadarços desfeitos, botões mal fechados, as roupas podem ficar manchadas por respingos;

☐ Boas habilidades em TI, produzindo um trabalho nitidamente melhor do que o trabalho escrito;

☐ Pensador lateral não convencional.

Coordenação motora grossa

☐ Desajeitado: sujeito a deixar cair coisas, derramar, tropeçar, cair da cadeira;

☐ Consciência espacial ruim: esbarra em objetos, móveis ou outras pessoas;

☐ Tem dificuldade com jogos de bola;

☐ Inquietação na aula;

☐ Problemas de equilíbrio.

Coordenação motora fina

☐ Habilidades ruins de caligrafia e desenho: rasuras, manchas de tinta, a escrita não acompanha as linhas;

☐ Trabalho produzido com um padrão muito inferior ao esperado em comparação com a contribuição oral em aula ou trabalho produzido em um computador;

☐ Tem dificuldade para usar instrumentos (por exemplo, tesouras, buretas, despejar água em um recipiente);

☐ Lentidão para se vestir: problemas com botões, nós, cadarços.

Memória e organização

☐ Memória de curto prazo ruim: esquece instruções;

☐ Esquece de trazer livros ou materiais corretos para as aulas, não entrega a lição de casa;

☐ Chega atrasado;

☐ Vai para o lugar errado ou para o lugar certo na hora errada;

☐ Livros e fichários desorganizados;

☐ Dificuldades com administração do tempo.

Percepção sensorial

☐ Sensibilidade em excesso ou extremamente baixa a certos cheiros, texturas, temperaturas, sons ou luzes.

Social/pessoal

☐ Dificuldade em ler situações sociais;

☐ Pode ficar perto demais ou muito distante de outras pessoas;

☐ Dificuldade em ler a linguagem corporal;

☐ Má higiene pessoal.

☑ VERIFICAÇÃO RÁPIDA DO PROFESSOR: INDICADORES DE TDAH

Geral
☐ Baixa capacidade de concentração;
☐ Cheio de ideias e entusiasmo;
☐ Dificuldade em concluir tarefas;
☐ Desempenho abaixo do esperado;
☐ Memória de curto prazo ruim.

Sintomas de desatenção
☐ Comete erros descuidados devido à faita de atenção aos detalhes;
☐ Distrai-se facilmente por estímulos externos;
☐ Pode parecer não ouvir quando se dirige diretamente a ele;
☐ Tem dificuldade em manter a atenção em tarefas ou atividades;
☐ Não consegue concluir tarefas ou seguir instruções integralmente;
☐ Fica relutante em realizar lição de casa, ou na escola, que exija esforço mental prolongado;
☐ Prefere tarefas rápidas com *feedback* instantâneo (por exemplo, questionários de computador);
☐ Tem dificuldade em organizar e priorizar tarefas;
☐ Perde materiais, livros, anotações, canetas;
☐ Não entrega a lição de casa.

Hiperatividade – sintomas de impulsividade

☐ Entusiasmo e sempre a postos para se voluntariar;
☐ Fala excessivamente;
☐ Não escuta os outros;
☐ Interrompe o professor ou outros alunos;
☐ Tem dificuldade em esperar por sua vez;
☐ Verbaliza respostas de repente;
☐ Fica irrequieto com as mãos ou com o material;
☐ Não fica quieto na carteira;
☐ Sai da cadeira em situações em que se espera que permaneça na cadeira;
☐ Corre ou escala de forma inapropriada;
☐ Tem dificuldade em trabalhar em grupo.

Com base nos sintomas, podem ocorrer três subtipos de TDAH:

☐ Principalmente desatento – mais prevalente em meninas;
☐ Principalmente hiperativo e impulsivo;
☐ Subtipo combinado.

☑ VERIFICAÇÃO RÁPIDA DO PROFESSOR: INDICADORES DE TEA

Geral
- ☐ Socialmente analfabeto;
- ☐ Considera difícil a amizade e os encontros sociais;
- ☐ Fala de forma direta;
- ☐ Tem muito conhecimento sobre determinados temas.

Fala
- ☐ Leva as coisas ao pé da letra;
- ☐ Pedante;
- ☐ Não capta sinais não verbalizados;
- ☐ Grande vocabulário, especialmente sobre determinados tópicos;
- ☐ Pode monopolizar a conversa;
- ☐ Gosta de usar palavras longas;
- ☐ Não capta significados implícitos ou inferidos.

Interesses especiais
- ☐ Muito conhecedor de interesses específicos;
- ☐ Pode ter coleções de itens.

Sensorial
- ☐ Sensibilidade muito alta ou muito baixa a texturas, sons, luzes, cheiros e sabores específicos.

Social
- ☐ Não gosta de multidões, contato próximo;
- ☐ Dificuldade em ler situações sociais, considera-as estressantes;
- ☐ Dificuldade em enxergar o ponto de vista de outras pessoas;
- ☐ Tem problemas para trabalhar bem em grupos;
- ☐ Gosta de rotinas;
- ☐ Acha difícil conversas sociais;
- ☐ Muitas vezes, não entenderá trocadilhos ou piadas.

Temperamento
- ☐ A ansiedade e a sobrecarga sensorial podem levar a explosões emocionais.

☑ VERIFICAÇÃO RÁPIDA DO PROFESSOR: INDICADORES DE TOC

As obsessões e compulsões variam muito e por isso é difícil fazer uma lista definitiva de indicadores, mas estes são alguns traços comuns. Também vale lembrar que o TOC costuma ser concomitante com outras condições.

Geral
- ☐ Ansiedade;
- ☐ Comportamentos repetitivos;
- ☐ Visitas frequentes e prolongadas ao banheiro devido à realização de rituais;
- ☐ Incapacidade de tocar em certos itens;
- ☐ Organiza os itens para que fiquem alinhados;
- ☐ Cansaço, atrasa-se por causa do cumprimento de rituais;
- ☐ Rasura e reescreve a lição de casa;
- ☐ Faz repetidamente as mesmas perguntas para se assegurar.

Obsessões comuns
- ☐ Medo de sujeira e contaminação;
- ☐ Preocupa-se com danos causados a outras pessoas ou a si mesmos;
- ☐ Remoendo sobre estar fazendo algo proibido;
- ☐ Desconforto se as coisas não estiverem uniformes e simétricas;
- ☐ Medo de perder itens importantes;
- ☐ Necessidade de contar, perguntar ou confessar.

Compulsões comuns
- ☐ Verifica as coisas uma, duas, três, várias vezes;
- ☐ Toca certas coisas de uma determinada forma;
- ☐ Lava e limpa;
- ☐ Organiza as coisas de modo que fiquem "perfeitas";
- ☐ Coleciona coisas que não têm utilidade;
- ☐ Busca constantemente se certificar;
- ☐ Conta, repete e refaz coisas.

Referências, sites e organizações de apoio

Capítulo 1: Cérebros que funcionam de maneira um pouco diferente

Referências

Worthington, A. (Ed.). (2003). *The Fulton special education digest.* David Fulton Publishers.

Leitura complementar

Gathercole, S., & Packiam Alloway, T. (2008). *Working memory and learning: A practical guide for teachers.* Sage Publications.

Honeybourne, V. (2018). *The neurodiverse classroom.* Jessica Kingsley Publishers.

Kerchner, G. A. (2014, 2 de março). *What causes the brain to have slow processing speed?* Scientific American Mind. https://www.scientificamerican.com/article/what-causes-the-brain-to-have-slow-processing-speed-and-how-can-the-rate-be-improved/

Patrick, A. (2020). *The memory and processing guide for neurodiverse learners.* Jessica Kingsley Publishers.

Software **especializado**

Consultoria em tecnologia da Associação Britânica de Dislexia: https://bdanewtechnologies.wordpress.com

Dyslexia Tool Kit: www.educationalappstore.com/app/dyslexia-tool-kit

Texthelp: www.texthelp.com/en-gb

- ClaroRead: www.texthelp.com/en-gb/solutions/dsa/claroread
- Read&Write: www.texthelp.com/products/read-and-write-education
- Global AutoCorrect: www.texthelp.com/en-gb/solutions/dsa/global-autocorrect

Capítulo 2: Dislexia

Referências

Associação Britânica de Dislexia. (s.d.). *Dyslexia*. The British Dyslexia Association. www.bdadyslexia.org.uk/dyslexia

Rose, J. (2009). *Identifying and teaching children and young people with dyslexia and literacy difficulties*. Relatório ao Secretário de Estado. Department for Children, Schools and Families.

Schneps, M. H. H. (2014, 19 de agosto). *The advantages of dyslexia: With reading difficulties can come other cognitive strengths*. Scientific American. www.scientificamerican.com/article/the-advantages-of-dyslexia

Leitura complementar

Bennett, J. (2013). *Dyslexia pocketbook* (2a ed.). Teachers' Pocketbooks.

Eide, B. L., & Eide, F. (2023). *The dyslexic advantage*. Hay House.

Goodwin, J. (2012). *Studying with dyslexia*. Palgrave Macmillan.

Griggs, K. (2021). *This is dyslexia*. Vermilion.

Hodge P. (2000). *A dyslexic child in the classroom: A guide for teachers and parents*. Dyslexia. www.dyslexia.com/library/classroom.htm

Hudson, D. (2019, 25 de julho). *Travelling with dyslexia – why people with dyslexia get lost*. SEN Magazine. https://senmagazine.co.uk/content/specific-needs/dyslexia-spld/7791/travelling-with-dyslexia

Hudson, D. (2021). *Exploring science with dyslexic children and teens*. Jessica Kingsley Publishers.

Hultquist, A. (2013). *Can I tell you about dyslexia?* Jessica Kingsley Publishers.

Pavey B., Meehan, M., & Davis, S. (2013). *The dyslexia-friendly teacher's toolkit*. Sage Publications.

Reid, G. (2019). *Dyslexia and inclusion: Classroom approaches for assessment, teaching and learning*. David Fulton Publishers.

Reid, G., & Green, S. (2011). *100 ideas for supporting pupils with dyslexia*. Continuum.

Recursos e informações

Barrington Stoke, editora que produz livros especialmente direcionados para leitores com dislexia: www.barringtonstoke.co.uk

Crossbow Education: www.crossboweducation.com

Fun-with-words: www.fun-with-words.com

Made by Dyslexia: www.madebydyslexia.org

Wordshark, programa de ortografia e leitura: www.wordshark.co.uk

Software de tecnologia assistiva

Iansyst: www.iansyst.co.uk/technology

Inclusive Technology: www.inclusive.co.uk/software/dyslexia-software

Organizações de apoio

Associação Britânica de Dislexia: www.bdadyslexia.org.uk

Dyslexia Action: www.dyslexiaaction.org.uk

Helen Arkell Dyslexia Centre, um centro de ensino especializado: https://helenarkell.org.uk/

Capítulo 3: Discalculia

Referências

Associação Britânica de Dislexia. (s.d.). *Dyscalculia*. The British Dyslexia Association. www.bdadyslexia.org.uk/dyscalculia

Leitura complementar

Babtie, P., & Dillion, S. (2019). *100 ideas for secondary teachers supporting students with numeracy difficulties.* Bloomsbury.

Bird, R. (2013). *The dyscalculia toolkit: Supporting learning difficulties in maths.* Paul Chapman Publishers.

Butterworth, B. (2018). *Dyscalculia: From science to education.* Routledge.

Butterworth, B. (2022). *Can fish count?* Quercus Books.

Chinn, S. (2018). *Maths learning difficulties and dyscalculia* (2a ed.). BDA.

Chinn, S., & Ashcroft, J. R. (2017). *Mathematics for dyslexics including dyscalculia: A teaching handbook* (4a ed.). Wiley.

Emerson, J., & Babtie, P. (2014). *The dyscalculia solution: Teaching number sense.* Bloomsbury.

Hannell, G. (2015). *Dyscalculia: Action plans for successful learning in mathematics.* David Fulton Publishers.

Hornigold, J. (2015). *Dyscalculia pocketbook.* Teachers' Pocketbooks.

Hornigold, J. (2017). *Understanding maths learning difficulties.* Oxford University Press.

Moorcraft, P. (2014). *It just doesn't add up.* Filament Publishing.

Recursos e informações

Brain Balance, formas de ajudar crianças com discalculia: www.brainbalancecenters.com/blog/practical-ways-parents-can-help-childdyscalculia

Cambridge House, recursos matemáticos e formas 3D: https://issuu.com/cambridgesen/docs/cambridge_house_2019_catalogue

Crossbow Education, recursos didáticos: www.crossboweducation.com/maths-and-dyscalculia-teaching-resources

Equatio (produziso pela Texthelp), a versão matemática do Read&Write: www.texthelp.com/en-gb/products/equatio

IDL numeracy software: https://idlsgroup.com/numeracy

Jogos matemáticos: www.freeteacher.co.uk

Jogos matemáticos: www.topmarks.co.uk/maths-games/11-14-years/number

Numbershark, jogos de matemática para computador: www.wordshark.co.uk/numbershark

Numicon, recursos de matemática: www.numicon.co.nz

Pôster da TES para conscientização sobre discalculia: www.tes.com/teaching-resource/dyscalculia-awareness-poster-6340458

Recursos para discalculia da TTS para escolas: www.tts-group.co.uk/secondary/sen/dyscalculia

Organizações de apoio

Associação Britânica de Dislexia: www.bdadyslexia.org.uk/dyscalculia

Dyscalculia Association: www.dyscalculiaassociation.uk

National Numeracy: www.nationalnumeracy.org.uk/what-numeracy/what-dyscalculia

The Dyscalculia information Centre: www.dyscalculia.me.uk/teachers.html

The Dyscalculia Network: www.dyscalculianetwork.com

Capítulo 4: Disgrafia

Referências

Associação Americana de Psiquiatria. (2013). *Diagnostic and statistical manual of mental disorders* (5a ed.). Associação Americana de Psiquiatria.

Cleveland Clinic. (2022). *Dysgraphia*. Cleveland Clinic. https://my.clevelandclinic.org/health/diseases/23294-dysgraphia

Leitura complementar

Bennett, J. (2007). *Handwriting pocketbook*. Teachers' Pocketbooks.

Bryce, B., & Stephens, B. (2014). *The dysgraphia sourcebook: Everything you need to help your child*. CreateSpace Independent Publishing Platform.

Child, B. (2021). *Dysgraphia papers for kids: A handwriting workbook*. BrainChild.

Dotterer, C. (2018). *Handwriting brain-body DisConnect*. Author Academy Elite.

Sutherland, J., & Green, M. (Eds.). (2014). *Dysgraphia: Causes, connections and cures*. CreateSpace Independent Publishing Platform.

Recursos e informações

Back in Action, reguladores para altura de mesa, apoios inclinados para escrever, kits de postura: www.backinaction.co.uk/computers

Crossbow Education, recursos para escrita, *grips* para canetas: https://www.crossboweducation.com/shop-now/handwriting-resources

DyslexiaA2Z: https://dyslexiaa2z.com/learning-difficulties/dysgraphia

Canetas espaciais da Stabilo para facilitar a escrita: www.stabilo.com/uk

Seção de disgrafia no The Good Schools Guide: www.goodschoolsguide.co.uk/special-educational-needs/types-of-sen/dysgraphia

Yoropen, canetas ergonômicas: www.yoropen.com/en/index.html

Organizações de apoio

Dyslexia SPELD Foundation: https://dsf.net.au/what-is-dysgraphia

Understood organisation: www.understood.org/en/articles/understanding-dysgraphia

Capítulo 5: Dispraxia/TDC

Referências

Dyspraxia Foundation. (2015). *Dyspraxia – "Is it a battle of the sexes?"* Medical News Today. https://www.medicalnewstoday.com/mnt/releases/300730#1

Movement Matters. (2012). *What is developmental coordination disorder/dyspraxia?* MovementMatters. https://movementmattersuk.org/what-is-developmentalcoordination-disorder-dyspraxia

Leitura complementar

Biggs, V. (2014). *Caged in chaos: A dyspraxic guide to breaking free.* Jessica Kingsley Publishers.

Boon, M. (2014). *Can I tell you about my dyspraxia?* Jessica Kingsley Publishers.

Christmas, J., & van de Weyer, R. (2019). *Hands on dyspraxia: Developmental coordination disorder: Supporting young people with motor and sensory challenges.* Routledge.

Hoopman, K. (2022). *All about dyspraxia.* Jessica Kingsley Publishers.

Kirby, A. (2009). *Dyspraxia: Developmental and cooordination disorder (DCD)* (8a ed.). Souvenir Press.

Kirby, A., & Peters, L. (2007). *100 ideas for supporting pupils with dyspraxia and DCD.* Continuum.

Lloyd, S., & Graham, L. (2022). *Developmental coordination disorder (dyspraxia): How to help.* Pavilion Publishing.

Patrick, A. (2015). *The dyspraxic learner: Strategies for success.* Jessica Kingsley Publishers.

Talukdar, A. (2012). *Dyspraxia/DCD pocketbook.* Teachers' Pocketbooks.

Recursos e informações

Back in Action, reguladores de altura da mesa, apoio inclinado para escrever, kits para correção de postura: www.backinaction.co.uk/computers

Movement Matters: www.movementmattersuk.org

Patient (site de informações de saúde): https://patient.info/childrens-health/dyspraxia-developmental-co-ordination-disorder

Canetas digitalizadoras Stabilo, canetas especiais para facilitar a escrita: www.stabilo.com/uk

Yoropen, canetas ergonômicas: www.yoropen.com/en/index.html

Organizações de apoio

Dyspraxia Association da Irlanda: www.dyspraxia.ie

Dyspraxia Foundation: https://dyspraxiafoundation.org.uk

Capítulo 6: Transtorno do déficit de atenção com hiperatividade

Referências

Associação Americana de Psiquiatria. (2013). *Diagnostic and statistical manual of mental disorders* (5a ed.). Associação Americana de Psiquiatria.

NHS Choices. (s.d.). *Attention deficit hyperactivity disorder (ADHD)*. NHS. www.nhs.uk/conditions/Attention-deficit-hyperactivity-disorder

Leitura complementar

Ali, S. (2022). *The teenage girls guide to living well with ADHD*. Jessica Kingsley Publishers.

Hallowell, M., & Ratey, M. (2022). *ADHD 2.0*. Ballantine Books.

Kewley, G., & Latham, P. (2008). *100 ideas for supporting pupils with ADHD*. Continuum.

Nunn, T., Hanstock, T., & Lask, B. (2008). *Who's who of the brain*. Jessica Kingsley Publishers.

O'Regan, F. (2019). *Successfully teaching and managing children with ADHD: A resource for SENCOs and teachers*. Routledge.

Swietzer, L. (2014). *The elephant in the ADHD room*. Jessica Kingsley Publishers.

Thompson, A. (2016). *The boy from hell: Life with a child with ADHD*. Proof Fairy Publishers.

Organizações de apoio

ADDISS, National Attention Deficit Disorder Information and Support Service: www.addiss.co.uk

ADHD Foundation: www.adhdfoundation.org.uk

ADHD Kids, organização de apoio a pais e filhos: http://adhdkids.org.uk

ADHD UK: https://adhduk.co.uk

UK ADHD Partnership: www.ukadhd.com/index.htm

Capítulo 7: Transtorno do espectro autista

Referências

Associação Americana de Psiquiatria. (2013). *Diagnostic and statistical manual of mental disorders* (5a ed.). Associação Americana de Psiquiatria.

Jackson, L. (2002). *Freaks, geeks and Asperger syndrome*. Jessica Kingsley Publishers.

Leitura complementar

Ansell, G. (2011). *Working with Asperger syndrome in the classroom: An insider's guide.* Jessica Kingsley Publishers.

Brady, F. (2023). *Strong female character.* Octopus Publishing Group.

Brower, F. (2014). *100 ideas for supporting pupils on the autistic spectrum.* Continuum.

Egerton, J., & Carpenter, B. (2016). *Girls and autism flying under the radar.* Nasen Publishers.

Hartman, D. (2020). *The little book of autism FAQs: How to talk to your child about their diagnosis.* Jessica Kingsley Publishers.

Hoopman, K. (2015). *The essential MI for Asperger syndrome (ASD) in the classroom.* Jessica Kingsley Publishers.

McCann, L. (2017). *How to support students with autism spectrum disorder in secondary school.* LDA.

Notbohm, E. (2019). *Ten things every child with autism wishes you knew.* Future Horizons.

Torrence, J. (2018). *Therapeutic adventures with autistic children.* Jessica Kingsley Publishers.

Willey, L. H. (2015). *Pretending to be normal: Living with Asperger syndrome* (2a ed.). Jessica Kingsley Publishers.

Wood, R., Crene, L., Happé, F., Morrison, A., & Moyse, R. (2022). *Learning from autistic teachers.* Jessica Kingsley Publishers.

Recursos

ASD visual aids: www.asdvisualaids.com

Organizações de apoio

Ambitious about Autism: www.ambitiousaboutautism.org.uk

ASPEN (Autism, Educational Network): www.aspennj.org

Autistic Girls Network: https://autisticgirlsnetwork.org

Child Autism UK: www.childautism.org.uk

National Autistic Society: www.autism.org.uk

Capítulo 8: Evitação patológica de demanda

Referências

Associação Americana de Psiquiatria. (2013). *Diagnostic and statistical manual of mental disorders* (5a ed.). Associação Americana de Psiquiatria.

Organização Mundial da Saúde. (2019). *International statistical classification of diseases and related health problems* (11a rev.). OMS. www.who.int/standards/classifications/classification-of-diseases

Leitura complementar

Fidler, R., & Christie, P. (2015). *Can I tell you about my pathological demand avoidance syndrome?* Jessica Kingsley Publishers.

Fidler, R., & Christie, P. (2019). *Collaborative approaches to learning for pupils with PDA.* Jessica Kingsley Publishers.

Newson, E., Le Marechal, K., & David, C. (2003). Pathological demand avoidance syndrome: A necessary distinction with pervasive development disorders. *Archives of Diseases in Childhood, 88*(7), 595-600.

Truman, C. (2021). *The teacher's introduction to pathological demand avoidance.* Jessica Kingsley Publishers.

Organizações de apoio

National Autistic Society: www.autism.org.uk

PDA Society: www.pdasociety.org.uk

Capítulo 9: Transtorno de processamento sensorial

Leitura complementar

Allen, S. (2016). *Can I tell you about my sensory processing difficulties?* Jessica Kingsley Publishers.

Biel, L., & Pes, N. (2009). *Raising a sensory smart child.* Penguin.

Mill, L., & Fuller, D. (2007). *Sensational kids: Hope and help for children with sensory processing.* Penguin.

Whitney, R., & Gibbs, V. (2020). *Raising kids with sensory disorders.* Routledge.

Thoonsen, T., & Lamp, C. (2021). *Sensory solutions in the classroom: The teacher's guide to fidgeting, inattention and restlessness.* Jessica Kingsley Publishers.

Recursos e informações
ADDitude: www.additudemag.com/slideshows/what-is-sensoryprocessing-disorder

CAMHS North Derbyshire: www.camhsnorthderbyshire.nhs.uk/learning-disabilities-sensory-processing

Organizações de apoio
ADDitude: www.additudemag.com

Middletown Centre for Autism: https://sensory-processing.middletownautism.com

Sensory Spectacle: www.sensoryspectacle.co.uk

Capítulo 10: Transtorno obsessivo-compulsivo

Leitura complementar
Jassi, A. (2013). *Can I tell you about OCD?* Jessica Kingsley Publishers.

Jassi, A. (2021). *Challenge your OCD!* Jessica Kingsley Publishers.

Martin, S., & Costello, C. (2008). *The everything parent's guide to children with OCD.* Adams Media.

Saunders, C. (2015). *Parenting OCD: Down to earth advice from one parent to another.* Jessica Kingsley Publishers.

Wells, J. (2021). *Touch and go Joe: An adolescent's experience of OCD.* Jessica Kingsley Publishers.

Organizações de apoio
Mind: www.mind.org.uk/information-support/types-of-mental-healthproblems/obsessive-compulsive-disorder-ocd/about-ocd

OCD Action: www.ocdaction.org.uk

OCD UK: http://ocduk.org

OCD Youth, o site para jovens com TOC: http://ocdyouth.org

Well at School, apoio a jovens com problemas de saúde mental: www.wellatschool.org/ocd

YoungMinds, saúde mental em jovens: www.youngminds.org.uk

Capítulo 11: Tiques e Síndrome de Tourette

Leitura complementar

Cohen, B. (2009). *Front of the class: How Tourettes made me the teacher I never had.* St Martin's Griffin.

Leicester, M. (2014). *Can I tell you about Tourette syndrome?* Jessica Kingsley Publishers.

Stodd, S. (2020). *Me and my Tourettes.* Elizabeth Publications.

Van Bloss, N. (2006). *Busy body: My life with Tourette's syndrome.* Fusion Press.

Walkup, J. T., Mink, J. W., & McNaught, K. (2012). *A family's guide to Tourette syndrome.* iUniverse.

Recursos e informações

NHS: www.nhs.uk/conditions/tourettes-syndrome

Organizações de apoio

Tourettes Action: www.tourettes-action.org.uk

Capítulo 12: Habilidades organizacionais

Referências

Cambridge University Press. (2015). *Cambridge Business English Dictionary.* Cambridge University Press.

Leitura complementar

Branstetter, R. (2014). *The everything parents guide to children with executive functioning disorder.* Adams Media.

Gallager, R., Spira, E., & Rosenblatt, J. (2018). *The organized child.* Guilford Press.

Honas-Webb, L. (2020). *Six super skills for executive functioning.* New Harbinger.

Linton, S. (2022). *Executive functioning skills printable workbook*. Publicação independente.

Ostler, C., & Ward, F. (2012). *Advanced study skills* (3a ed). SEN Marketing.

Patrick, A. (2020). *The memory and processing guide for neurodiverse learners*. Jessica Kingsley Publishers.

Recursos e informações

Aplicativos para dislexia e dificuldades de aprendizagem: http://dyslexiahelp.umich.edu/tools/apps

Consultoria em tecnologia da Associação Britânica de Dislexia: https://bdanewtechnologies.wordpress.com/what-technology/apps

Cambridge Dictionaries Online: https://dictionary.cambridge.org/dictionary/english/organizational-skills

eChalk, um site de ensino para professores: www.echalk.co.uk

Ferramentas para mapas mentais: www.educatorstechnology.com/2023/01/18-freemind-mapping-tools-for-teachers.html

Capítulo 13: Provas e revisão da matéria

Leitura complementar

O'Brien, J., & Jones, A. (2004). *The great little book of brainpower* (2a ed.). The Great Little Book Company.

Ostler, C., & Ward, F. (2012). *Advanced study skills* (3a ed.). SEN Marketing.

Patrick, A. (2020). *The memory and processing guide for neurodiverse learners*. Jessica Kingsley Publishers.

Pavey, B., Meehan, M., & Davis, S. (2013). *The dyslexia-friendly teacher's toolkit*. Sage.

Organizações para providências especiais para provas

Joint Council for Qualifications: www.jcq.org.uk/exams-office/access-arrangements-and-special-consideration

Tecnologia assistiva que pode ser configurada para o modo de prova

Canetas digitalizadoras: www.scanningpens.co.uk

TextAid, *software* de tecnologia assistiva para conversão de texto em voz: www.aventido.com/textaid

Texthelp, tecnologia assistiva para apoio à leitura e à escrita: www.texthelp.com/UK

Organizações de apoio pelo mundo
Austrália

ADHD: www.adders.org/ausmap.htm

Australian Dyslexia Association: http://dyslexiaassociation.org.au

Autism Spectrum Australia: www.autismspectrum.org.au

Dyspraxia Foundation: www.dyspraxiaaustralia.com.au

OCD: http://au.reachout.com/obsessive-compulsive-disorder

PDA: www.autismawareness.com.au/aupdate/a-brief-history-ofpathological-demand-avoidance

DSF Dyslexia-SPELD Foundation: http://dsf.net.au/what-are-learning disabilities

Tourette's Syndrome Association of Australia: https://tourette.org.au

Canadá

ADHD: www.adders.org/canadamap.htm

Autism Canada: https://autismcanada.org

Dyslexia Canada: www.dyslexiacanada.org

Learning Disabilities Association of Ontario: www.ldao.ca

OCD Ottawa: www.ocdottawa.com

Parents Canada: www.parentscanada.com/preschool/dyscalculia

Tourette Syndrome Foundation of Canada: https://tourette.ca

Nova Zelândia

ADHD New Zealand: www.adhd.org.nz

AnxietyNZ: https://anxiety.org.nz

Autism New Zealand: www.autismnz.org.nz

Dyslexia Foundation of New Zealand: www.dyslexiafoundation.org.nz

The Dyspraxia Support Group of New Zealand: https://dyspraxia.org.nz

Learning and Behavioural Charitable Trust New Zealand: www.lbctnz.co.nz

PDA Aotearoa New Zealand Facebook Group: www.facebook.com/groups/1716305355259190

SPELD (Specific Learning Differences): www.speld.org.nz

Estados Unidos

Associação Americana de Dislexia: www.american-dyslexia-association.com

Dyspraxia Foundation USA: www.dyspraxiausa.org

Learning Disabilities Association of America: https://ldaamerica.org

SPD Foundation: www.spdfoundation.net

STAR Institute (sensory processing): http://spdstar.org

Tourette Association of America: https://tourette.org

USAutism Association: www.usautism.org

Biografia da autora

Diana Hudson tem mais de trinta anos de experiência em ensino de ciências em sala de aula. Ela também treinou para ensinar alunos neurodiversos. Foi professora de biologia, coordenadora de ano e coordenadora de necessidades educacionais especiais (Senco).

Tem PhD em zoologia, mas admite ter tido dificuldades nos tempos da escola. Foi diagnosticada como disléxica há alguns anos.

Atualmente está focada em aumentar a conscientização de professores e pais sobre a neurodiversidade em sala de aula e em casa e dá palestras regulares para professores e pais.

Biografia do artista

Jon English é *designer*, ilustrador e fotógrafo *freelancer* que vive em Sussex, no Reino Unido. Ele aprecia uma vida de criatividade e está sempre às voltas com um emocionante projeto, empreendimento ou aventura. Saiba mais sobre Jon visitando: www.moomar.co.uk.

Diana e Jon tiveram o prazer de trabalhar juntos em três livros. A primeira edição deste livro, publicada em 2015, e *Exploring science with dyslexic children and teens*, lançado em 2022. Mal podem esperar para enfrentar projetos futuros.

Índice remissivo

A

Administração do tempo
  e dislexia 46
  e dispraxia 96
  e habilidades organizacionais 197
Alison Thompson 115
Amita Jassi 178
Anotação em aula
  e dislexia 33
Aprendizagem ativa 18
Apresentações 18
Assentos
  e dislexia 37
  e dispraxia 86
  e EPD 152
  e Síndrome de Tourette 192
  e TDAH 108
  e TOC 175
Associação Americana de Psiquiatria 68
Associação Britânica de Dislexia 28
Aulas de educação física
  e dispraxia 92
  e TDAH 114
  e TEA 138
  e TOC 179
Autoconfiança 36

C

Capacidade de atenção 21
Cleveland Clinic 67
Clubes 95
Colapsos (*meltdowns*) 101
Comportamento 10
Concentração 11
Contando 58
Conversando 139
Correção da lição de casa
  e discalculia 64
  e disgrafia 75
  e dislexia 44
  e dispraxia 92
  e TDAH 114
  e TOC 175
Currículo como guia 215

D

Demanda 10
Depressão 102
Desatenção 98
Diferenças específicas de aprendizagem

descrição de 14
Habilidades de função executiva 21
Memória de curto prazo 20
Memória de longo prazo 20
O valor do diagnóstico 23
Questões relativas à audição 22
Questões relativas à visão 22
Scaffolding para 23
Discalculia
　Abordagem global 55
　Apoio individual 64
　Descrição de 48
　Diagnóstico 49
　Estratégias de sala de aula 55
　Estudo de caso 54
　Indicadores 50
　Pontos fortes 50
Disciplina 54
Disgrafia
　Abordagem global 72
　Apoio individual 76
　Descrição de 67
　Diagnóstico 69
　Estratégias de sala de aula 73
　Indicadores 70
　Pontos fortes 69
Disgrafia de processamento 68
Disgrafia espacial 68
Disgrafia motora 68
Dislexia
　Abordagem global 37
　Apoio individual 46
　Descrição de 28
　Diagnóstico 29
　Estratégias de sala de aula 37
　Estudo de caso 36
　Indicadores 31
　Pontos fortes 30
Dispraxia
　Apoio individual 95
　Descrição de 78
　Diagnóstico 79
　Estratégias de sala de aula 86
　Estudo de caso 87
　Fora da sala de aula 92
　Indicadores 81
　Pontos fortes 80

E

Educação Pessoal, Social e de Saúde
　e TDAH 117
　e TEA 141
　e TOC 183
Encontrando coisas 207
Escrita
　e disgrafia 67
　e dislexia 32
　e dispraxia 89
Estratégias de sala de aula
　para discalculia 55
　para disgrafia 73
　para dislexia 37
　para dispraxia 86
　para evitação patológica de demanda 152

para habilidades organizacionais 201
  para Síndrome de Tourette 192
  para TDAH 107
  para TEA 132
  para TOC 174
  para transtorno de processamento sensorial 162
Estudo de caso
  Discalculia 54
  Dislexia 36
  Dispraxia 87
  Síndrome de Tourette 190
  TDAH 106
  TEA 131
  TOC 173
Evitação patológica de demanda (EPD)
  Abordagem global 151
  Abordagem para toda a escola 154
  Apoio individual 154
  Descrição de 144
  Diagnóstico 145
  Estratégias de sala de aula 152
  Indicadores 147
  Pontos fortes 146

F

Fadiga
  e dislexia 36
  e dispraxia 83
Feedback aos pais 118
Folhas impressas 56

Fora da sala de aula
  e dispraxia 92
  e TDAH 114
  e TEA 138
  e TOC 179
Fórmulas 53

G

Gatilhos 101
Gráficos 17

H

Habilidades de função executiva
  e diferenças de aprendizagem 197
  e dispraxia 78
  e TDAH 105
Habilidades motoras finas
  e dispraxia 82
  e TEA 128
Habilidades motoras grossas
  e dispraxia 82
  e TEA 128
Habilidades organizacionais
  Abordagem global 201
  Apoio individual 207
  Descrição de 196
  e discalculia 197
  e dispraxia 197
  Estratégias de sala de aula 201
  e TDAH 197
  Indicadores 199
  Pontos fortes 198

Habilidades sociais
  e dispraxia 96
  e TEA 129
Hiperatividade 98
Hipersensibilidade 159
Hipossensibilidade 160

I

Impulsividade 98
Interesses especiais 120
Intervalo do recreio
  e dispraxia 94
  e TDAH 114
  e TEA 140
  e TPS 160
Ione Georgakis 189

J

Joe Wells 172
Joint Council for Qualifications (JCQ) 221

L

Leitura 15
Lição de casa
  e discalculia 63
  e disgrafia 75
  e dislexia 43
  e dispraxia 91
  e habilidades organizacionais 202
  e TDAH 113
  e TEA 137
  e TOC 176

Lições interativas 41
Luke Jackson 134

M

Manual Diagnóstico e Estatístico de Transtornos Mentais 99
Mapas mentais 206
Mascaramento 130
Matemática
  e discalculia 48
  e dislexia 33
Memória de curto prazo 20
Memória de longo prazo 20
Meninas autistas 130
Métodos de revisão da matéria 217
Movimentar-se em aula 163
Mudanças na rotina 112

N

National Autistic Society 26
NHS Choices 99
Números 15

O

Obras literárias 42
Orientações
  e dislexia 35
  e habilidades organizacionais 200
Ortografia 15

P

Passando a lição de casa 43

PDA Society 151
Planejando as aulas 174
Prazos 45
Provas
  e discalculia 64
  e disgrafia 75
  e dislexia 30, 35
  e dispraxia 83
  e Síndrome de Tourette 193
  e TDAH 115
  e TEA 142
  e TOC 178
Providências especiais em exames públicos 115

Q

Questões relativas à sensibilidade e TEA 129

R

Raiva 102
Redação
  e dislexia 42
  e habilidades organizacionais 203
  e transtorno do espectro autista 138
Redes de segurança 211
Respostas emocionais
  para discalculia 53
  para disgrafia 72
  para EPD 145
Revisão da matéria 20
  e dislexia 35

e TDAH 111
e TEA 142

S

Scaffolding 23
Síndrome de Asperger 121
Síndrome de Tourette
  Abordagem global 192
  Abordagem para toda a escola 194
  Descrição de 187
  Diagnóstico 187
  Estratégias de sala de aula 192
  Estudo de caso 190
  Pontos fortes 188
Sintomas
  de disgrafia 68
  de TDAH 99
  de TEA 142
  de TOC 169
Software
  para diferenças específicas de aprendizagem 24
  para disgrafia 73
  para dislexia 40
  para dispraxia 90
  para habilidades organizacionais 207
  para Síndrome de Tourette 193
Stimming (autoestimulação) 126

T

Tabuada 51
Tecnologia assistiva 23

para discalculia 65
para disgrafia 73
para dispraxia 90
para TEA 142
para TOC 176
Tempo de processamento
e diferenças específicas de
aprendizagem 19
Teoria da mente 127
Trabalhando sozinho 136
Trabalho em grupo 111
e TDAH 112
e TEA 136
Trabalhos de curso
e dislexia 42
Transtorno de processamento
sensorial (TPS)
Abordagem global 161
Descrição de 157
Diagnóstico 158
Estratégias de sala de aula 162
Indicadores 159
Pontos fortes 158
Transtorno do déficit de atenção com hiperatividade (TDAH)
Abordagem global 107
Abordagem para toda a escola 116
Apoio individual 118
Descrição de 98
Diagnóstico de 100
Estratégias de sala de aula 107

Estudo de caso 106
Fora da sala de aula 114
Indicadores 104
Pontos fortes 103
Tratamento 101
Transtorno do Desenvolvimento
da Coordenação (TDC) 78
Transtorno do espectro autista (TEA)
Abordagem global 132
Abordagem para toda a escola 140
Apoio individual 141
Descrição de 120
Diagnóstico 121
E Síndrome de Asperger 121
Estratégias de sala de aula 132
Estudo de caso 131
Fora da sala de aula 138
Indicadores 124
Meninas autistas 130
Pontos fortes 123
Transtorno obsessivo-compulsivo (TOC)
Abordagem para toda a escola 181
Apoio individual 180
Descrição de 166
Diagnóstico 168
Estratégias de sala de aula 174
Estudo de caso 173
Fora da sala de aula 179
Indicadores 170

Pontos fortes 170
Tratamento 169
Transtorno opositor desafiador (TOD) 154

V

Victoria Biggs 81

Visão
  e diagrafia 77
  e diferenças específicas de aprendizagem 22

W

Worthington 14

Conecte-se conosco:

 facebook.com/editoravozes

 @editoravozes

 @editora_vozes

 youtube.com/editoravozes

 +55 24 2233-9033

www.vozes.com.br

Conheça nossas lojas:

www.livrariavozes.com.br

Belo Horizonte – Brasília – Campinas – Cuiabá – Curitiba
Fortaleza – Juiz de Fora – Petrópolis – Recife – São Paulo

EDITORA VOZES LTDA.
Rua Frei Luís, 100 – Centro – Cep 25689-900 – Petrópolis, RJ
Tel.: (24) 2233-9000 – E-mail: vendas@vozes.com.br